D1674190

Schloss Weitenburg

herausgegeben von
Max-Richard Freiherr Raßler von Gamerschwang

Fotos von Rose Hajdu

Texte von Harald Schukraft

Inhalt

Schloß Weitenburg
HOTEL UND RESTAURANT
Baisinger

300
JAHRE
SCHLOSS WEITENBURG
SEIT 1720 IM BESITZ DER FREIHERREN VON RASSLER

Zum Geleit

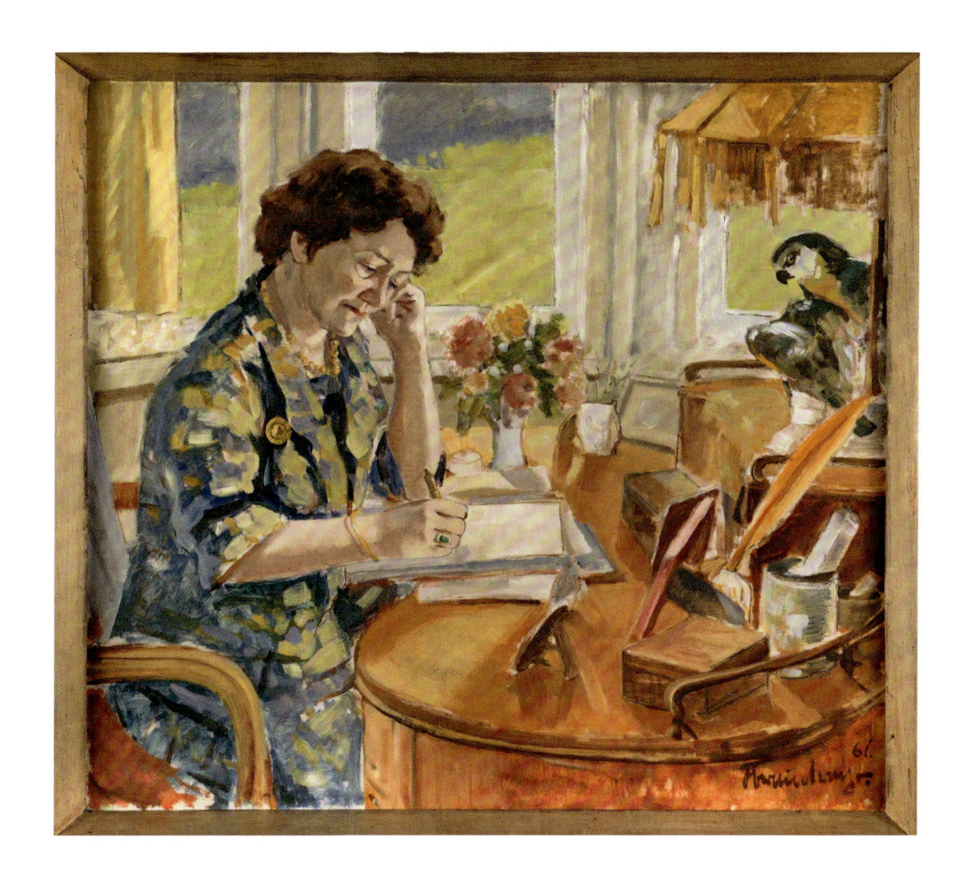

Dieses Buch ist besonders dem Andenken an meine Großmutter, Gisèle Freifrau Raßler von Gamerschwang, gewidmet, die am 2. November 1900 als einzige Tochter des Hamburger Großkaufmanns Eduard Heinrich Reinbold und seiner Frau, Clara Comtesse de Lespinasse, in Port-au-Prince/Haiti geboren wurde. 1922 heiratete sie meinen Großvater, Joseph Freiherr Raßler von Gamerschwang, und zog auf die Weitenburg, wo sie bis 1997 lebte.

Sie war der Mittelpunkt der Familie, geliebt, verehrt und bewundert, und hat mir mit ihrer Herzenswärme den Sinn für Familientradition, christliche Werte im katholischen Glauben und so vieles mehr nahegebracht.

Das obige Porträt zeigt sie an ihrem Schreibtisch, an welchem ich heute täglich sitze und arbeite und auch die Idee für dieses Jubiläumsbuch entwickelt habe. Ihr, aber auch meinen Eltern Helga und Max-Richard (sen.) bin ich zu größtem Dank verpflichtet, die Geschicke des Familienbesitzes im 300. Jubiläumsjahr lenken zu dürfen.

Schloss Weitenburg, im Frühjahr 2020

Max-Richard Freiherr Raßler von Gamerschwang

Der Erwerb von Schloss Weitenburg durch die Freiherren Raßler von Gamerschwang

Die beiden Jahre 1720 und 1721 stellen eine Zäsur dar, und zwar nicht nur für die Familie der Freiherren Raßler von Gamerschwang, sondern auch für die Weitenburg selbst.

Nach sage und schreibe zwölf Eigentümerwechseln in den ersten drei Jahrhunderten ihrer quellenmäßig nachweisbaren Geschichte hat mit dem Übergang an die Familie Raßler für die eindrucksvoll über dem Neckartal thronende Burg eine neue Epoche begonnen. In den 300 Jahren, die seit 1720 vergangen sind, ist die Weitenburg in der Hand dieser einen Familie geblieben. Es ist also Ruhe eingekehrt, was zu einer Konsolidierung der inneren und äußeren Verhältnisse geführt hat.

Für die Familie der Freiherren Raßler von Gamerschwang war der Erwerb der Weitenburg nicht weniger einschneidend und der Beginn einer völlig neuen Phase ihrer Geschichte. Nach zwei Jahrhunderten wechselnder Lebensmittelpunkte zwischen Oberschwaben und Tirol ist die 1655 von Kaiser Ferdinand III. geadelte und 1681 von Kaiser Leopold I. in den Freiherrnstand erhobene Familie an einem Ort dauerhaft heimisch geworden. Die Weitenburg ist für die freiherrliche Familie Raßler von Gamerschwang zum „Stammsitz" geworden, der in den folgenden 300 Jahren nicht mehr aufgegeben wurde.

Der Erwerb von Schloss Weitenburg war jedoch keine ganz einfache Sache, er zog sich nach der ersten Abmachung annähernd zwei Jahre hin. Erst kurz vor Jahresende 1721 war Freiherr Joseph Rupert Raßler von Gamerschwang unbestrittener und rechtmäßiger Besitzer der Weitenburg. Doch es hätte auch ganz anders kommen können, da das Reichsstift Obermarchtal, kurz Kloster Marchtal genannt, mit gleich mehreren Kaufinteressenten im Gespräch gewesen war.

Dass vonseiten der Familie der Freiherren Raßler von Gamerschwang ein Kaufinteresse an Sulzau und der Weitenburg bestand, war dem Kloster Marchtal seit Langem bekannt gewesen. Schon kurz nach 1700 hatte die Mutter des späteren Käufers starkes Interesse bekundet, die Weitenburg und die Anteile an Sulzau zum selben Preis zu erwerben, wie dies einst Kloster Marchtal von Quirin von Hönstedt getan hatte. Sie bot dem Kloster an, neben 20.000 Gulden in bar das Dorf Bittelbronn sowie Zinserträge in Öschelbronn an Marchtal zu übertragen. Als Freifrau Maria Franziska Raßler von Gamerschwang 1711 starb, waren beide Parteien über die Kaufabsicht noch nicht hinausgekommen.

Stattdessen hatte Kloster Marchtal über die Weitenburg mit Freiherr Karl Joseph von Hohenberg verhandelt, dann aber wieder davon Abstand genommen, weil der württembergische Hofmarschall, Friedrich Wilhelm Graf von Grävenitz, lebhaftes Interesse an der Weitenburg bekundet hatte. Dieser war jedoch evangelischer Konfession, was ihn als nominellen Käufer ausschloss. Da seine Gemahlin, Franziska von Stuben, katholisch war, versuchte er, den Kauf über sie abzuwickeln. Die österreichischen Beamten in Rottenburg befürchteten jedoch eine Ausdehnung des württembergischen Einfluss-

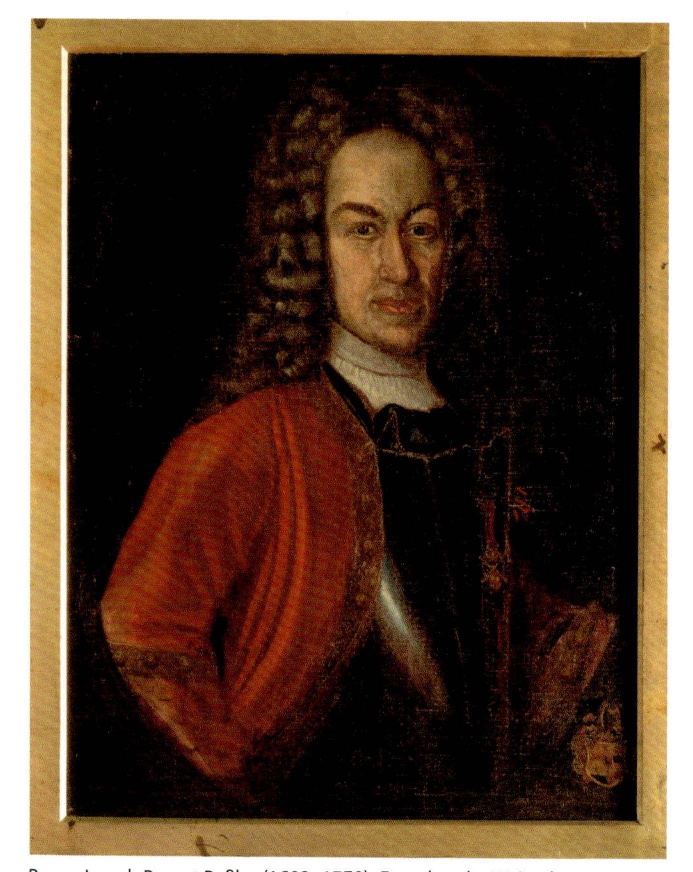

Baron Joseph Rupert Raßler (1692–1770), Erwerber der Weitenburg

in die Possession eingesetzet werde, sambt all darauf
habender Rechtsamkeit, welch hingegen solches guett
nach Landsbrauch [illegible] und außer deren
ordinarij dieser Zeit [illegible] [illegible]
Abschreibung [illegible] Immission [illegible]
[illegible] befindet [illegible] ohne entgelt des Käuffers
[illegible].
Urkhundlich dessen ist diese [illegible] verabredung
under beeder hochen herren Contrahenten hand-
schrifft bekräfftigt worden. So geschehen Marienstall
d. 10ten februarij 1720.

Ulalricus Abbt
zun Marienstall mpria

Joseph [illegible]

Nachdeme sich obgesetzter eventual contract wegen deme daß
Herr Baron von Hochberg von dem Kauf schilling abgestanden [illegible]
auch in bestimbter Zeit nit compliert, mithin man auch von
Seiten deß Closters [illegible] Marienstall von [illegible] von Hochberg
abstehen müssen, alß haben sich beede hohe contrahierende
Partey dahin verstanden, daß obiger Contract salvo
tamen Consensu feudali nunmehro absolute für [illegible]
[illegible] gehalten, in Krafft dessen nach eingelangten Consens
Herr [illegible] zu [illegible] deß Kauf-
schillings per 43000 fl. [illegible] hingegen zu
extradierung und abtrettung deß Rittergueths mit apperti-
nentien und obigen bedingnussen verbunden und obli-
girn [illegible] zu halten und
[illegible] Clausul obiger
Contract in bester form [illegible] bestättiget, und bekräff-
tiget wird, alß gebräuchlich und ohne gefährde. Signatum
[illegible] d. 18ten Junij 1720.

Joseph [illegible]

Ulalricus Abbt
zun Marienstall mpria

P. [illegible]
Cum Capitulo
[illegible]

Unterschriften auf der Kaufurkunde von 1720

Perpetuum. Welches alles von beeden hohen herren Contrahenten also gehandelt, verglichen, beliebet, zugesagt, und übernommen worden; [illegible] eigenhändiger Unterschrift und Pettschaft. So beschehen Schloss Weissenburg den 24. Jenner 1721.

Die Interessen, ob zwar wegen der feudalität [illegible] Reichs ausgesetzt worden, ist doch verbündlich abgeredt, dass diese allein inter partes Contrahentes [illegible] gültig sein solle.

Saldierung

Deß Kaufschillings der Reichs Ritterschaft Weissenburg per 43000 fl. Reichswährung

Erstlich die Übernämbung deß Churischen Capitals per Vier und zwanzig Tausend Gulden, sage — 24000 fl.

Zins davon à 2 1/2 jahr — 2400 fl.

Latus 26400 fl.

Latus herüber mit — 26400 fl.

Ferner Übernehmung des Herrn Baron von [illegible] Capital à — 12000 fl.

Zins per 1/2 Jahr — 300 fl.

Nachlass am Kaufschilling ratione evictionis etc. — 1300 fl.

Item zusammen an [illegible] hergeschossen — 3000 fl.

Summarum 43000 fl.

Udalricus [illegible] zum [illegible]

Joseph [illegible]

Spezifizierung des Kaufpreises auf einer ergänzenden Urkunde vom 24. Januar 1721 bereichs nach Vorderösterreich, sollte „ein Cavalier von widriger Religion" die Weitenburg erwerben. Die lehensrechtliche Genehmigung dieses Erwerbs wäre niemals möglich, ließen sie verlauten. Kloster Marchtal hat daraufhin den Kaufvertrag zurückgezogen.

Eine weitere Option war gewesen, die Weitenburg an den Fürsten Friedrich Wilhelm von Hohenzollern-Hechingen zu verkaufen, der allerdings die meiste Zeit nicht in Hechingen, sondern in Ludwigsburg am Hof von Herzog Eberhard Ludwig von Württemberg zubrachte. Ende Oktober 1710 war der Kaufvertrag unter Dach und Fach. Es wurde allerdings ruchbar, dass der Fürst von Hohenzollern-Hechingen die Weitenburg gar nicht für sich, sondern für die Mätresse Herzog Eberhard Ludwigs, Wilhelmine von Grävenitz, erwerben wollte. Die Situation Wilhelmines war in Ludwigsburg so unhaltbar geworden, dass zeitweise nur ein Exil infrage kommen konnte, was die Weitenburg wohl hätte sein sollen. Wilhelmine von Grävenitz wurde dann an den Grafen Franz Ferdinand von Würben verheiratet und damit ihre gesellschaftliche Stellung am Ludwigsburger Hof wenigstens vordergründig „normalisiert". Ein Kauf der Weitenburg war nun für Fürst Friedrich Wilhelm nicht mehr notwendig, offiziell wurde die Aufhebung des Kaufvertrags mit den finanziellen Schwierigkeiten des Fürsten begründet.

Beim Tod seiner Mutter war Freiherr Joseph Rupert Raßler von Gamerschwang 19 Jahre alt und noch immer unter Vormundschaft. Er versuchte, seine Vormünder vom Sinn des Erwerbs der Weitenburg zu überzeugen, diese rieten aber vehement von einem Kauf ab. Sobald er die Volljährigkeit erreicht hatte, wandte er sich wieder seinem Vorhaben zu, die Weitenburg zu kaufen. Mit Freiherr Karl Joseph von Hohenberg hatte Kloster Marchtal jedoch bereits wieder Verhandlungen aufgenommen und inzwischen sogar eine Kaufvereinbarung getroffen. Da der Vertrag aber über längere Zeit nicht vollzogen wurde, konnten die Verhandlungen mit Freiherr Joseph Rupert Raßler von Gamerschwang zu einem vorläufigen Abschluss gebracht werden.

Am 10. Februar 1720 hat Freiherr Joseph Rupert Raßler von Gamerschwang in Kloster Marchtal mit Abt Ulrich einen sogenannten Eventualvertrag über den Verkauf „der Reichsritterherrschaft und des freiadeligen Guts und Schlosses Weitenburg am Neckar mit dem Dorf Sulzau" unterzeichnet. Dies geschah allerdings unter der Voraussetzung, „daß Karl Joseph Freiherr von Hohenberg vom Kauf absteht". Das Kloster verpflichtete sich, in der Zwischenzeit „sich mit keinem anderen Käufer einlassen" zu wollen – offensichtlich hatte das frühere Durcheinander den Freiherrn Raßler misstrauisch und vorsichtig werden lassen. Als Kaufpreis wurden 43.000 Gulden vereinbart, worin neben den Immobilien auch das Vieh, die Rosse und die bewegliche Habe inbegriffen sein sollten.

Der Eventualvertrag wurde von Freiherr Joseph Rupert Raßler und Abt Ulrich eigenhändig unterschrieben, aber noch nicht gesiegelt, da der Vertrag unter Vorbehalt geschlossen wurde und nicht rechtsgültig war. Die Siegel von Käufer und Verkäufer wurden erst vier Monate später unter einen schriftlichen Zusatz gesetzt, in dem der Eventualkaufvertrag bestätigt und – „vorbehaltlich der lehensrechtlichen Zustimmung" – als endgültig bezeichnet wurde. Die Bestätigung trägt das Datum 18. Juni 1720 und wurde auf der Weitenburg unterzeichnet und besiegelt.

Einen Tag später verkaufte der Abt von Marchtal für 300 Gulden „die hohe und niedere Gerichtsbarkeit über das Dörflein Sulzau und über das Schloss Weitenburg" sowie für 1.150 Gulden „den vierten Teil des Dörfleins Sulzau mit aller Herrlichkeit und Gerichtsbarkeit" an Freiherr Joseph Rupert Raßler. Ausdrücklich wurde am Ende der Vereinbarung der Grund für den Kaufvertrag genannt: Beide Parteien hatten „wegen zweifelhafter Grenzscheidung der beiderseitigen Rechte, die früher in einer Hand gewesen waren, seit langem Meinungsverschiedenheiten obgeschwebt, die zu Prozessen hätten führen können."

Alle Vereinbarungen standen aber vorerst nur auf dem Papier, der Käufer konnte die Weitenburg das ganze Jahr 1720 hindurch nicht sein Eigen nennen, denn bei genauem Hinsehen waren Ungenauigkeiten im Kaufvertrag aufgefallen, die neu verhandelt werden mussten. Dabei ging es unter anderem um die Spezifizierung der Hohlmaße, ob nun nach Horber oder Rottenburger Maß gerechnet würde, sowie um strittige Zahlen von in den Kaufpreis eingerechnetem Viehbestand. Kurz vor Weihnachten 1720 war man sich einig, und am 29. Dezember konnten die Ergänzungen schriftlich fixiert werden. Der Abt von Marchtal hatte ein Einsehen und am Kaufpreis 1.300 Gulden nachgelassen.

Diese ergänzenden Vereinbarungen mündeten in einen neuen Vertrag, der am 23. Januar 1721 auf der Weitenburg unterzeichnet und besiegelt wurde. Der Abt von Marchtal hat Freiherr Joseph Rupert Raßler, ab diesem Datum gerechnet für ein Jahr, die Verwaltung der Weitenburg eingeräumt, allerdings unter der Bedingung, nichts an den Gebäuden zu verändern und nichts vom Inventar zu entfernen. Die Gerichtsbarkeit blieb jedoch nach wie vor in der Hand des Klosters. Sollte der Kaiser den Kauf nicht bestätigen und die Lehenszuweisung an den Käufer nicht vollziehen, so könnten die beiden Parteien den Kaufvertrag nach einem Jahr entweder verlängern oder aufheben. Einen Tag später wurde noch eine Zusatzvereinbarung geschlossen, die besagte, dass das Kloster das Recht hätte, den Kauf rückgängig zu machen, falls die Herrschaft mit der Weitenburg und dem Dorf Sulzau in die Hände eines nichtkatholischen Besitzers fallen würde. An der katholischen Gesinnung der Besitzer hat sich jedoch nie etwas geändert.

Am 5. April 1721 hat die kaiserliche Kanzlei in Wien dem Freiherrn Joseph Rupert Raßler die Lehen erteilt, die rechtsgültige Urkunde Kaiser Karls VI. wurde jedoch erst am 11. Oktober 1721 in Innsbruck verfasst und dem Käufer zugestellt. Freiherr Joseph Rupert Raßler von Gamerschwang hat die Weitenburg und das Dorf Sulzau zu denselben lehensrechtlichen Bedingungen erhalten wie einst Sigismund Albrecht von Ehingen und das Kloster Marchtal. Damit war die im Ergänzungsvertrag vom 23. Januar 1721 erwähnte Jahresfrist unterboten, und es stand nichts mehr der ordnungsgemäßen Übergabe an den Käufer entgegen.

Abt Ulrich beauftragte am 9. November 1721 den Prior Pius Schirdt, in seinem Namen und im Beisein mehrerer Räte und Beamter den Käufer in die erworbenen Liegenschaften einzusetzen und die Untertanen vom Besitzübergang zu unterrichten. Der abschließende Rechtsakt, die sogenannte Erbhuldigung, fand schließlich am 13. November 1721 auf Schloss Weitenburg statt. Dazu versammelten sich neben Freiherr Joseph Rupert Raßler von Gamerschwang und dem Abt von Marchtal zahlreiche hochrangige Vertreter aus Rottenburg und Innsbruck sowie die Untertanen im Hof der Weitenburg.

Zunächst wurden vom bisherigen Marchtaler Oberamtmann ihre Namen verlesen, sodann begründete er den Verkauf mit der Schuldenlast, die auf dem Kloster laste, sowie mit der weiten Entfernung der Weitenburg vom Kloster, was die Verwaltung schwierig gestaltet habe. Er entließ die Untertanen in aller Form aus ihrer Pflicht gegenüber dem Kloster Marchtal und verwies sie an den neuen Besitzer als nunmehr „rechtmäßige natürlich Herrschaft". Er versicherte den versammelten Ortsansässigen, dass sie beim Baron „einen vorsichtigen Herrn, klugen Vorsteher, gerechten Richter und milde Herrschaft haben und viele Gnaden genießen" würden. Der Stadtschultheiß von Rottenburg verpflichtete die Untertanen zur „schuldigen Subordination" gegenüber dem neuen Herrn und las die Eidesformel vor.

Nun war es an Freiherr Joseph Rupert Raßler, ein paar Worte an die Anwesenden zu richten und ihnen zu versichern, er werde sie in „Schutz und Schirm" nehmen und ihre althergebrachten Rechte und Freiheiten nicht antasten. Durch die anschließende Eidesleistung der Untertanen und ihr durch Handschlag dem neuen Herrn geleistetes Gelübde kam

Idealisierte Darstellung der Weitenburg und des Neckartals, unbekannter Landschaftsmaler des 18. Jahrhunderts

der jahrelange Prozess des Besitzübergangs an sein Ende. Nun waren Börstingen, Sulzau und die Weitenburg nach mehr als 150 Jahren wieder in einer Hand vereint.

Obwohl nur ein kleiner Teil der Kaufsumme in bar an das Kloster Marchtal entrichtet werden musste und das meiste in einer Übernahme von Schulden des Klosters bestand, ist Joseph Rupert Raßler, unter anderem durch die anfallende Zinsbelastung, bald in schwere finanzielle Nöte geraten. Nur unter allergrößten Sparanstrengungen und aufgrund der Verständnisbereitschaft der Gläubiger konnten die Verpflichtungen allmählich im wahrsten Sinn „abgestottert" werden. Erst nach fast einem halben Jahrhundert, am 11. März 1767, war die gesamte Kaufsumme mit Zins und Zinseszins für die Weitenburg und Sulzau beglichen.

Alte Reithalle, ehemalige Schloss-Scheune

Teehäuschen in der ehemaligen Schloss-Gärtnerei

Personalhaus, ehemalige Verwaltung

Südfassade des neugotischen Flügels mit Hauptturm

1869

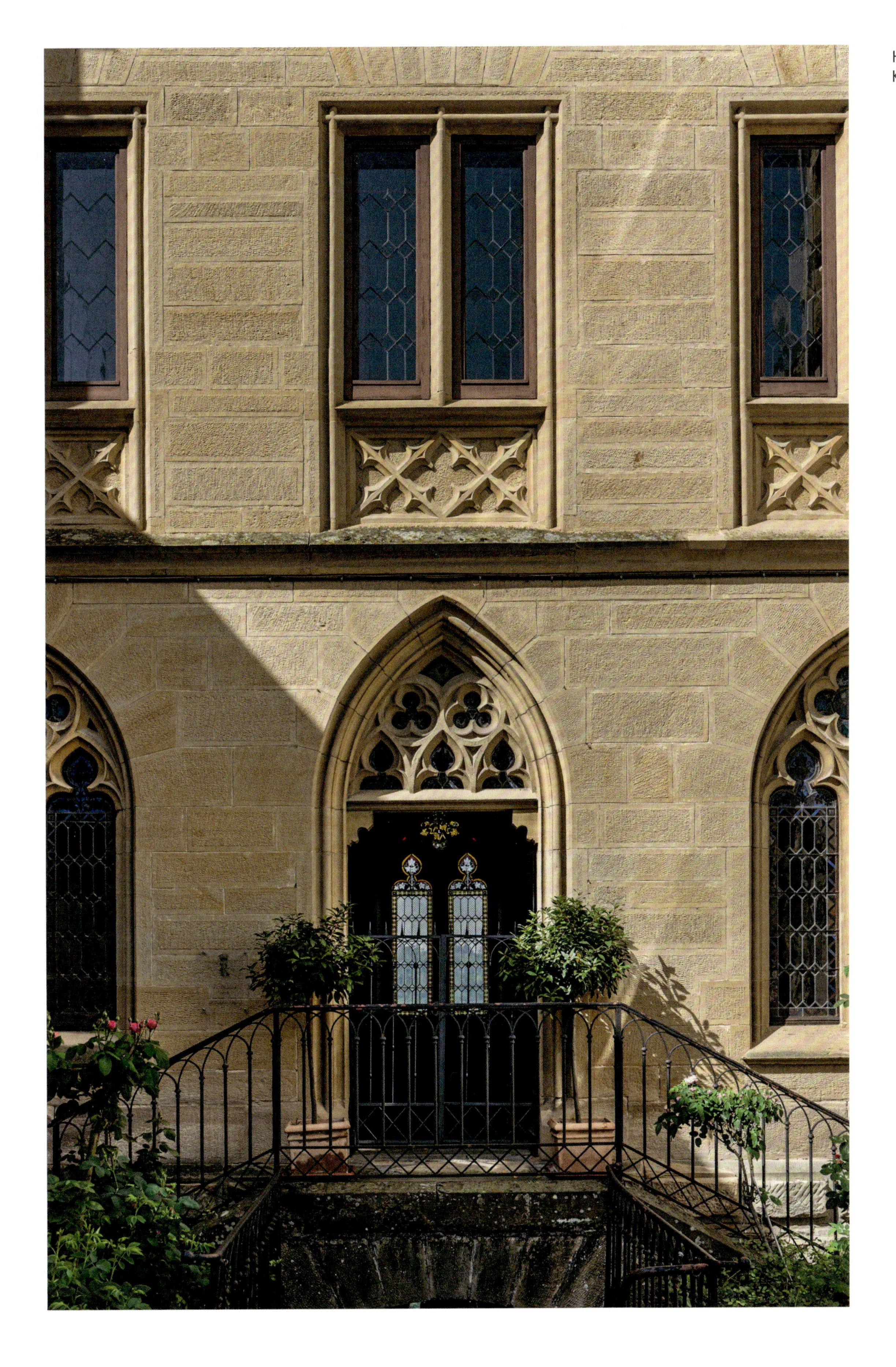

Hofseite des Kapellenbaus

S. 24: Hofseite des Südflügels

S. 26: Talseite des Kapellenbaus mit Erker von 1925

S. 28: Schlosspark mit Wasserbecken und Fontäne nach der Wiederherstellung 2018/19
S. 30–31: Blick vom Hauptturm auf den sogenannten Weinberg

Die Weitenburg von den Anfängen bis zum Beginn des 18. Jahrhunderts

Die frühe Geschichte der Weitenburg liegt im Dunkeln. Es gibt Indizien, dass sich im Bereich des ältesten erhaltenen Teils, des sogenannten Ehinger Baus vom Ende des 16. Jahrhunderts, ursprünglich ein römisches Gemäuer befunden hat. Beim Umbau des Ehinger Baus zum Restaurant ist eine Säule zum Vorschein gekommen, die auf die römische Vergangenheit hinweisen könnte. Systematische Grabungen zur archäologischen Untersuchung des Burgbereiches haben aber nicht stattgefunden, weshalb alle zeitlichen Zuordnungen noch Spekulation bleiben müssen.

Begriffe wie „obere" und „untere" Burg deuten auf verschiedene Bauteile hin, die heute nur noch schwer nachzuvollziehen sind. Der Kern der mittelalterlichen Anlage lag jedoch mit größter Wahrscheinlichkeit im Bereich des jetzigen Schlosshofes und des Ehinger Baus. Eine erste urkundliche Erwähnung, die in Zusammenhang mit dem Kloster Hirsau im Schwarzwald stehen soll und auf das Jahr 1062 datiert wurde, konnte nicht verifiziert werden.

Der Name Weitenburg lässt den Schluss zu, dass die erste Burganlage von den Ortsherren der benachbarten Ortschaft Weitingen gebaut wurde. Aus der „Weitinger Burg" bzw. der „Burg Weitingen" entwickelte sich dann die Bezeichnung „Weitenburg". Es ist historisch belegt, dass die Weitenburg ein Lehen der Grafen von Lupfen war. Dieses in der Baar und im Elsass reich begüterte Geschlecht ist möglicherweise über die Eheverbindung mit einer Tochter des in Rottenburg ansässigen Grafen von Hohenberg zu der Lehenshoheit über die Weitenburg gekommen.

Ansicht um 1750, Ausschnitt aus einer Karte des Klosters Wittichen

1437 hat Heinrich von Weitingen die Weitenburg an Hans Pfuser von Nordstetten verkauft. Es ist dies der erste urkundlich nachweisbare Besitzerwechsel dieser Burg. Graf Eberhard V. von Lupfen belehnte deshalb am 15. Juni 1437 den neuen Besitzer mit der Weitenburg, wodurch der Besitzübergang erst rechtskräftig wurde. Auch fast drei Jahrhunderte später stellte die Belehnung des Freiherrn Joseph Rupert Raßler von Gamerschwang durch Kaiser Karl VI. den Abschluss des Erwerbs der Weitenburg dar.

Wenn auch im Lehensbrief von 1437 eine untere Burg mit Turm erwähnt wird, so können wir uns vom damaligen Aussehen der Weitenburg kein Bild machen – auch weil die erste Darstellung des Adelssitzes erst in die Zeit nach 1600 datiert werden kann. Trotzdem scheint die Burg bereits eine stattliche Anlage gewesen zu sein, von der aus Hans Pfuser ganz im Stil eines „Raubritters" die Straße im Neckartal überwacht hat. Ein Vorfall im Jahr 1445 hat hohe Wellen geschlagen: Ludwig II. von Chalon, der von seiner Mutter das Fürstentum Orange in der Provence geerbt hatte, war soeben verwitwet und hatte nach dem Tod seiner Gemahlin einen Gesandten auf den Weg nach Württemberg geschickt. Dieser sollte Graf Ludwig von Württemberg über den Verlust informieren. Die Verstorbene war Johanna von Mömpelgard, eine jüngere Schwester von Ludwigs Mutter Henriette, die im Jahr zuvor gestorben war und als Erbe die in der Burgundischen Pforte gelegene Grafschaft Mömpelgard an das Haus Württemberg gebracht hatte.

Hans Pfuser schickte zwei Knechte von der Weitenburg ins Neckartal und ließ den Gesandten sowie dessen Begleiter überfallen und ausrauben. Anschließend wurde die Reisegesellschaft auf die Weitenburg verschleppt und dort festgesetzt. Graf Ludwig versuchte, die Abgesandten seines Onkels freizubekommen, was aber an der Starrköpfigkeit Hans Pfusers scheiterte. Der württembergische Graf zog mit einem Reitertross vor die Weitenburg und ließ deren Tor gewaltsam öffnen. Da er Hans Pfuser, der bereits geflohen war, nicht ergreifen konnte, vertrieb er dessen Familie aus der Burg und ließ einen der beiden Knechte in Tübingen enthaupten. Ludwig hat seinen ursprünglichen Plan, die Weitenburg als Raubritternest zu zerstören und damit den Verkehr im Neckartal wieder sicher zu machen, schließlich doch nicht umge-

Stuckdecke im Ehinger Bau, 1. Stock

Ansicht der Weitenburg im 18. Jahrhundert

setzt, weil Markgraf Jakob von Baden in dieser Sache intervenierte. Da Hans Pfuser in badischen Diensten stand, hatte sich seine Frau zu Markgraf Jakob geflüchtet und diesen um Vermittlung gebeten. Die Bedingung Graf Ludwigs für den Verzicht der Zerstörung war, dass Hans Pfuser künftig keine Raubzüge mehr unternehmen solle. Da sich Pfuser nicht an die Abmachung gehalten hat, ist der Streit noch einige Jahre weitergegangen. Als er wegen weiterer Vergehen vom kaiserlichen Hofgericht in Rottweil in die Acht erklärt wurde, sah er offenbar für sich keine Zukunft mehr auf der Weitenburg. Deshalb hat er die Burg gegen Erstattung des Kaufpreises 1448 an die Brüder Konrad und Friedrich von Weitingen zurückgegeben. Damit war wieder Ruhe ins Neckartal eingekehrt.

Gut sechs Jahrzehnte blieb die Weitenburg nun im Besitz der Adelsfamilie von Weitingen, wobei jeder Übergang von einem Familienmitglied auf ein anderes durch einen Lehensbrief der Grafen von Lupfen bestätigt wurde. Unter Berufung auf die Dienste, die seine Familie den Grafen von Lupfen stets treu geleistet hatte, konnte Wilhelm von Weitingen am 6. April 1511 die Befreiung von der Lehensabhängigkeit erreichen. Die Weitenburg war fortan also kein Lehen der Lupfener Grafen mehr, sondern direkt vom Kaiser lehensabhängig. Dies war die größtmögliche rechtliche Freiheit im Heiligen Römischen Reich Deutscher Nation. Die Weitenburg war nun also ein sogenanntes Allod, d. h. ein Eigengut, der jeweiligen Besitzer. Die Einstufung als Reichslehen war eine wichtige Voraussetzung für den reichsritterlichen Rang künftiger Besitzer.

Wilhelm von Weitingen hat die Weitenburg 1511 an Caspar Späth von Zwiefalten verkauft, der aber schon sechs Jahre später den Besitz an Georg von Ow in Hirrlingen weiterveräußert hat. Georg von Ows Gemahlin Dorothea von Ratzenried hat in zweiter Ehe Diepold von Ehingen geheiratet. Für fast 100 Jahre blieb die Weitenburg nun im Besitz des Ehinger Rittergeschlechts.

Über das Aussehen der Weitenburg in jener Zeit ist nichts bekannt. Bildliche Darstellungen sind nicht vorhanden, jedoch ist davon auszugehen, dass der heute sogenannte Ehinger Bau, in dem sich Hotel und Restaurant befinden, bereits im Spätmittelalter als Palas, d. h. als bewohnbares Gebäude aus Stein, gedient hat. Vielleicht war dieses etwas kleiner als heute, die etwa 1,50 m dicken Mauern des Erdgeschosses weisen jedoch auf eine sehr frühe Entstehungszeit hin. Ob die Weitenburg auch einen Turm besaß, ist nicht überliefert. Dazu müssten umfangreiche Grabungen im Hof stattfinden, die möglicherweise Licht in die im Dunkel der Geschichte verborgene frühe Baugeschichte bringen könnten. Möglicherweise gab es auch einen zweiten Burgbereich auf der Anhöhe hinter der Weitenburg, da immer wieder von der „oberen" und der „unteren" Burg die Rede ist. Alle Mutmaßungen bleiben aber zum gegenwärtigen Zeitpunkt Spekulation.

Eine wichtige Zäsur war der 27. April 1556, als das Erbe des inzwischen verstorbenen Diepold von Ehingen aufgeteilt wurde. Bis zu diesem Zeitpunkt waren die Weitenburg, das unterhalb im Neckartal gelegene Dorf Börstingen mit seinem Schloss sowie das unweit neckarabwärts sich befindende Dorf

Weitenburg und Umgebung nach Vorlagen des 17. Jahrhunderts auf einer Karte von Johann Ulrich Stierlin

Sulzau als räumliche Einheit in der Hand des Erblassers gewesen. Nun wurde die Einheit aufgegeben, da der gleichnamige Sohn Diepold Schloss und Dorf Börstingen als Sitz erhielt, während die Weitenburg und Sulzau an den jüngeren Sohn Jakob fielen. Die rechtliche Situation war und blieb jedoch kompliziert – und zwar bis zum Ende des Alten Reiches 1806.

Wesentliche Grundlage der Verfügungsgewalt über ein Dorf oder ein Schloss war der Rechtsstatus. Handelte es sich um ein Allod, also um ein Eigengut, dann war der Eigentümer völlig frei und konnte mit der Liegenschaft machen, was er wollte. Die Weitenburg war 1511 aus der Lehensabhängigkeit der Grafen von Lupfen entlassen worden, weshalb der jeweilige Eigentümer vorbehaltslos darüber verfügen konnte und nur dem Kaiser verpflichtet war. Bei Börstingen und Sulzau sah die Sache etwas anders aus. Von beiden Ortschaften waren drei Viertel als Eigengut in unmittelbarem Besitz der Herren von Ehingen, ein Viertel jedoch lehensabhängig vom Hause Österreich. Diese Aufspaltung des Besitzverhältnisses sollte zukünftig noch einige Probleme bereiten.

Von 1556 an sind also Börstingen sowie die Weitenburg und Sulzau getrennte Wege gegangen – bis 1720 alle drei Besitzteile wieder bei der Familie der Freiherren Raßler von Gamerschwang in einer Hand vereinigt werden konnten.

Neben dem Besitz gab es noch die Jurisdiktion, also die Rechtsprechung, als gesondertes Lehen. Über Tod und Leben zu urteilen, d. h. die hohe Gerichtsbarkeit – auch „malefizische“ Obrigkeit genannt – auszuüben, lag in der Hand des Hauses Österreich. Kein Besitzer der Weitenburg sowie der beiden Dörfer Börstingen und Sulzau hatte das Recht, einen Galgen aufzustellen oder Körperstrafen anzuwenden. Dies war allein dem Haus Österreich bzw. einem von der Regionalregierung in Rottenburg beauftragten Beamten vorbehalten. Zunächst hielten sich die Ehingischen Erben noch an diese Rechtsvorgabe. Aber schon bald maßten sie sich das Recht, über Leben und Tod zu entscheiden, an, was weitreichende Folgen in der Beziehung der Ehinger zu Vorderösterreich nach sich zog. Eine nicht unwesentliche Konsequenz war, dass Österreich mehr als ein Jahrhundert lang die Belehnung der Herren von Ehingen mit dem österreichischen Anteil an Börstingen und Sulzau sowie mit Obernau verweigert hat.

Jakob von Ehingen war seit 1556 mit Elisabeth aus der Familie Kechler von Schwandorf verheiratet. Er starb aber schon 1563 nach nur siebenjähriger Ehe, seine Gemahlin Elisabeth folgte ihm drei Jahre später im Tode nach. Das Paar hatte zwei Töchter und einen Sohn, der ebenfalls Jakob getauft wurde. Dieser Jakob der Jüngere hat in den 80er-Jahren des 16. Jahrhunderts die 1525 im Bauernkrieg abgebrannte Weitenburg wieder herrichten und zum Wohnsitz für sich und seine Familie ausbauen lassen. Dabei wurde wohl der mittelalterliche Palas erheblich erweitert und aufgestockt. Dieser sogenannte Ehinger Bau dominiert bis heute die gesamte Schlossanlage und beeindruckt durch das hoch aufragende Satteldach und die Stufengiebel. In ihm sind das Hotel und das Restaurant untergebracht.

Jakob von Ehingen hatte an der Universität Tübingen studiert und sich dort dem Protestantismus angeschlossen. Später war er am badischen Hof in Durlach und in Stuttgart am Hof Herzog Ludwigs von Württemberg in Diensten. 1582 hat er den Herzog zum Reichstag nach Augsburg begleitet. Während seines Aufenthalts in Stuttgart hatte er die Tochter

Frühbarockes Tor von 1661, um 1868 versetzt an die heutige Stelle

Blick aus dem Einfahrtstor in den Innenhof

des württembergischen Landhofmeisters Hans Dietrich von Plieningen, Anna Maria, kennengelernt und 1585 geheiratet. Als Landhofmeister war sein Schwiegervater nach dem Landesherrn der höchste Repräsentant im Herzogtum gewesen.

Während der Baumaßnahmen auf der Weitenburg war Jakob von Ehingen mit dem württembergischen Hofbaumeister Heinrich Schickhardt in Kontakt gekommen, den er zur Mitarbeit verpflichten konnte. Schickhardt schrieb in seinem „Inventar", er habe 1590 „dem Jacob von Ehingen viel da gebaut". Zu dieser Zeit stand Heinrich Schickhardt noch zu Beginn seiner Karriere, aber schon wenige Jahre später gehörte er zu den wichtigsten Baumeistern seiner Zeit. Auf ihn gehen beispielsweise die Gestaltung des Stuttgarter Schillerplatzes, die Planung von Freudenstadt im Schwarzwald und der Entwurf der Martinskirche im linksrheinischen Mömpelgard (frz. Montbéliard), die zu den bedeutendsten Renaissancekirchen Europas gehört, zurück.

Die Beziehung Heinrich Schickhardts zu Jakob von Ehingen ging sogar noch über die Weitenburg hinaus: Zu Füßen des Schlosses, ja über weite Strecken des Neckartals, sprudeln bis heute Sauerwasserquellen, die beispielsweise in Obernau noch immer in Flaschen abgefüllt werden. Zu jener Zeit, als reines Quellwasser nur selten verköstigt werden konnte, da die meisten Brunnen durch Bakterien verunreinigt und deren Wasser letztlich gesundheitsschädlich war, hat Schickhardt Jakob von Ehingen angezeigt, wie die Sauerwasserquelle zu Füßen der Weitenburg gefasst werden könnte. Da nicht überall Quellwasser zur Verfügung stand, nahm man damals Flüssigkeiten meist nur in vergorenem Zustand, d. h. als Bier, Most oder Wein, zu sich. Durch den Gärprozess waren die Bakterien abgetötet und das Getränk genießbar.

Da Anna Maria früh kinderlos starb, heiratete Jakob von Ehingen in zweiter Ehe eine Verwandte seiner Mutter, Martha Kechler von Schwandorf. Die Wappen von Ehingen, von Plieningen sowie der Kechler von Schwandorf finden sich immer wieder an den Stuckdecken des Ehinger Baus und erinnern so an Jakob von Ehingen und seine beiden Gemahlinnen.

Obwohl das Archiv der Herren von Ehingen während des Dreißigjährigen Krieges in Börstingen weitgehend vernichtet worden ist, wissen wir aus der Regierungszeit Jakobs von Ehingen aufschlussreiche Einzelheiten. Sowohl der Kampf zwischen Protestantismus und Katholizismus als auch die Konkurrenz zwischen Württemberg und Vorderösterreich um den Einfluss am oberen Neckar traten nun deutlich zutage und bestimmten das weitere Schicksal der Weitenburg.

Der Übertritt Jakobs von Ehingen zum Protestantismus sowie seine Nähe zum Herzog von Württemberg waren der österreichischen Regierung in Rottenburg ein besonderer Dorn im Auge. Als Jakob von Ehingen auch seine Untertanen dem neuen Glauben zuführen wollte, schloss er eine Wallfahrtskapelle in Sulzau, schaffte den katholischen Gottesdienst ab und setzte einen protestantischen Pfarrer ein. Dies konnte und wollte die österreichische Regierung in ihren Lehensanteilen nicht dulden. Erzherzog Ferdinand befahl deshalb seinen Rottenburger Beamten, Jakob von Ehingen sofort gefangen zu nehmen, sollte er vorderösterreichisches Gebiet betreten, und ihm seine Güter zu entziehen. Jakobs protestantischer Schutzherr, der Herzog von Württemberg, hielt seine Hand über ihn und bewahrte ihn so vor dem Schlimmsten.

Da Jakob von Ehingen in beiden Ehen kinderlos geblieben war und seine voraussichtlichen Erben, die Kinder seines Vetters Diepold IV., katholisch erzogen wurden, empfand er eine Art „Endzeitstimmung". Immer wieder floh er aus der Weitenburg vor den Schwierigkeiten mit dem Hause Österreich und begab sich auf weite Reisen. Sie führten ihn durch Italien über Rom bis nach Neapel sowie nach Frankreich und England. Da diese Reisen kostspielig waren und er die Rekatholisierung seiner protestantisch gewordenen Untertanen durch seine Erben befürchtete, ging er daran, Teile seines Besitzes zu veräußern. Im Augenblick größter finanzieller Not beabsichtigte er, die Weitenburg und seinen Eigenanteil an Sulzau an den katholischen Ulrich Späth von Zwiefalten zu verkaufen, aber unmittelbar vor dem Vollzug des Besitzübergangs soll er aufgrund der Bitten seiner protestantischen Untertanen von der Verkaufsabsicht an einen Katholiken Abstand genommen haben.

Stattdessen half ihm Herzog Johann Friedrich von Württemberg aus seinen Nöten und erwarb zu Beginn des Jahres 1613 die Weitenburg, drei Viertel von Sulzau sowie das Dorf Nellingsheim für 98.000 Gulden. Lange ist die Weitenburg aber nicht württembergisch geblieben, da Herzog Johann Friedrich sie zusammen mit Sulzau bereits im folgenden Jahr an Johann Friedrich Schertlin von Burtenbach verkauft hat. Da Nellingsheim bei Württemberg blieb, hat der Kaufpreis diesmal nur 70.000 Gulden betragen. Der Kaufvertrag enthielt jedoch eine wichtige Bedingung: Der Herzog von Württemberg, der als Landesherr „Summus Episcopus", d. h. oberster Glaubenshüter, seiner protestantischen Untertanen war, unterstellte auch die Bewohner der Weitenburg und von Sulzau seinem Episkopat und verbot für alle Zeiten die Rekatholisierung beider Besitztümer – egal wer der Besitzer zukünftig sei.

Die von den Herren von Ehingen begründete Anmaßung der hohen Gerichtsbarkeit wurde von Herzog Johann Friedrich von Württemberg und Johann Friedrich Schertlin von Burtenbach fortgesetzt. Auf ihre Veranlassung hin wurde unweit der Weitenburg ein Hochgericht, d. h. ein Galgen, aufgestellt und so der Rechtsanspruch für alle sichtbar manifestiert. Der Streit mit den vorderösterreichischen Beamten in Rottenburg ging also weiter.

Die zweite Generation der Schertlin von Burtenbach auf der Weitenburg hat sich bereits wieder von ihr und Sulzau getrennt: Johann Conrad Schertlin von Burtenbach verkaufte beides 1637 an seinen Schwager Philipp Julius von Remchingen für 20.000 Gulden. Am Ende des Dreißigjährigen Krieges scheint die „Vorburg", also die Wirtschaftsgebäude vor dem eigentlichen Burghof, niedergebrannt gewesen zu sein. Möglicherweise hat sich deshalb Philipp Julius von Remchingen, der Obervogt von Wildberg war, schon nach 17 Jahren wieder von dem Besitz am oberen Neckar getrennt. Als Käufer trat nun Herzog Ulrich von Württemberg-Neuenbürg, ein Bruder des regierenden württembergischen Herzogs, in Erscheinung. Die Kaufsumme betrug 21.000 Gulden.

Da Herzog Ulrich jedoch den Kaufpreis nicht in einer Summe bezahlen konnte, vereinbarte er die Zahlung von vier Teilbeträgen innerhalb der nächsten vier Jahre. Herzog Ulrich, der die militärische Laufbahn eingeschlagen hatte und als General ständig auf europäischen Kriegsschauplätzen im Einsatz war, wusste um die Zerbrechlichkeit menschlichen Lebens. Unter den gegebenen Umständen war er sich nicht sicher, ob er die folgenden vier Jahre überleben und seinen Zahlungsverpflichtungen würde nachkommen können. Aus diesem Grunde bat er in einem persönlichen Brief seinen

Initialen des Quirin von Hönstedt, Besitzer der Weitenburg von 1656 bis 1689

Bruder, den regierenden Herzog Eberhard III. von Württemberg, um eine Bürgschaft, die dieser auch bereitwillig zugestanden hat.

Die Vorsichtsmaßnahme wäre allerdings gar nicht nötig gewesen, da Herzog Ulrich von Württemberg-Neuenbürg die Weitenburg und den Sulzauer Besitz nur zwei Jahre sein Eigen nannte und bereits im März 1656 das Ganze an Quirin von Hönstedt um 15.096 Gulden weiterverkauft hat. Wenig später begann der neue Besitzer mit umfangreichen Um- und Neubaumaßnahmen, welche die österreichische Verwaltung in Rottenburg misstrauisch werden ließ. Sie befürchtete den Ausbau der Weitenburg zu einer Festung, die dann als „Vorposten“ des protestantischen Herzogs von Württemberg im vorderösterreichischen Einflussbereich hätte dienen können. Die Rottenburger Beamten befahlen die Einstellung der Bauarbeiten und schickten „Spione“ auf die Weitenburg, um die Art der Arbeiten in Augenschein zu nehmen. Das Ganze ging aus wie das sprichwörtliche „Hornberger Schießen“: Die inkognito losgeschickten Sachverständigen stellten übereinstimmend fest, dass es keinerlei Hinweise auf einen Festungsbau gebe und die Bauarbeiten einzig und allein die Errichtung eines „Lustschlosses“ zum Ziel hätten.

Quirin von Hönstedt ließ um 1660 an den sogenannten Ehinger Bau im rechten Winkel zwei Flügel im Stil des Frühbarocks anfügen, von denen der rechte noch erhalten ist. Gleichzeitig wurde der Eingang in den Ehinger Bau von der Schmalseite an die heutige Stelle verlegt und das Treppenhaus aus massiver Eiche eingebaut, das bis auf den heutigen Tag als Zugang zu den Obergeschossen des Hotels genutzt wird. Der linke, im 19. Jahrhundert abgerissene Flügel erhielt jenes ungewöhnlich repräsentative Portal, das heute die Hoffassade des Ehinger Baus ziert. Die Initialen des Bauherrn „QVH“ zieren den Giebel, darunter steht die Jahreszahl 1661 als Baujahr. Das Portal zeigt in überbordender Weise den sogenannten Knorpelstil des frühen Barocks, der in Südwestdeutschland in dieser Qualität äußerst ungewöhnlich ist. Das Hönstedt'sche Portal auf der Weitenburg gehört mit zum Bedeutendsten, was Baden-Württemberg aus dieser Epoche zu bieten hat!

Herzog Eberhard III. von Württemberg hatte bald erkannt, dass der Verkauf der Weitenburg ein Fehler gewesen war. Deshalb versuchte er, Quirin von Hönstedt zu einem Tausch zu überreden. Herzog Eberhard III. war in den Besitz der Herrschaft Helflingen in Lothringen gekommen und erreichte nun, dass Quirin von Hönstedt 1669 bereit war, die Weitenburg gegen Helflingen zu tauschen. In einem ersten Kostenvoranschlag wurde die Weitenburg auf 25.000 Gulden geschätzt, was Herzog Eberhard III. jedoch als zu hoch empfand. Quirin von Hönstedt ging anfangs auf den Tauschhandel ein, erkannte aber bald, dass er „über den Tisch gezogen“ werden sollte, und verweigerte den Tausch. Württemberg schickte daraufhin ein Truppenkontingent vor die Weitenburg und ließ diese besetzen, Quirin von Hönstedt entwich durch den Wald nach Rottenburg ins sichere Asyl.

1670 wurde der Tauschvertrag einvernehmlich annulliert, und Quirin von Hönstedt blieb der Besitzer der Weitenburg, wo er sich zumeist in den Sommermonaten aufhielt. Sein gleichnamiger Sohn war seit mehreren Jahren schon in Verkaufsverhandlungen mit dem Prämonstratenserkloster Marchtal, bis schließlich 1689 der Verkauf an das Kloster perfekt gemacht werden konnte. Gegen die Zahlung von 40.000 Gulden kamen die Weitenburg und drei Viertel von Sulzau in den Besitz des Klosters. Für etwas mehr als drei Jahrzehnte hat sich daran nichts geändert. Der Kauf der – aus Sicht des Klosters – entlegenen Liegenschaften war vor allem der Gegenreformation geschuldet, denn nun stand im Kaufvertrag nicht mehr die Verpflichtung, den württembergischen Herzog als „Summus Episcopus“ zu akzeptieren und den Protestantismus der Bewohner von Sulzau und der Weitenburg zu bewahren. Kloster Marchtal führte konsequent die Rekatholisierung der Bevölkerung durch, von der künftige Eigentümer nicht mehr abweichen sollten.

Schloß Weitenburg
HOTEL UND RESTAURANT
Baisinger
P
FÜR GÄSTE
DURCHFAHRT
SCHLOSSHOF

Gutsgebäude von 1949/50

S. 42: Forsthaus von 1926 mit Anbau

Südansicht von Alter Reithalle und Remise

Treppenanlage zur ehemaligen Schloss-Gärtnerei

Dachterrasse des Hauptturms

Tor zum Schloss Börstingen

Eingangstür

Grabkapelle Börstingen mit Kriegerdenkmal

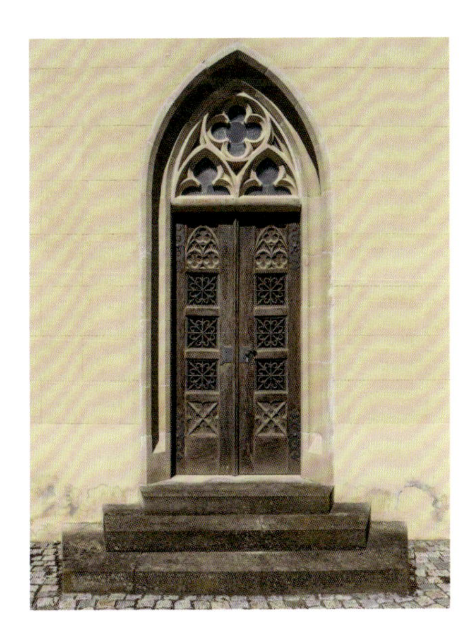
Eingangstür

Halfway-House des Golfplatzes auf der Niederwiese in Sulzau

Altes Forsthaus Sulzau

S. 52–53: Familienfriedhof mit Grabkapelle in Börstingen, im Hintergrund die Patronatskirche St. Ottilia

Die Familie Raßler bis zum Erwerb der Weitenburg

Der Familienname Raßler hat seinen Ursprung wohl im Namen Razilo, was so viel wie der „Kluge“ bedeutet. Erstmals taucht 1293 ein Mann namens Raßler, der aus Bebenhausen stammen soll, in einer Urkunde Ulrichs von Magenheim als Zeuge auf. Genau 100 Jahre später wird in Stuttgart ein Kraft Raßler urkundlich erwähnt, damit gehört die Familie Raßler zu den ältesten Bürgergeschlechtern der heutigen baden-württembergischen Landeshauptstadt. Ob beide hier erwähnte Personen zu den Vorfahren der Freiherren Raßler von Gamerschwang zählen, ist nicht sicher, da verlässliche Stammabfolgen vor 1528 bisher fehlen.

Die älteste Urkunde, die einen Stammvater nennt, ist am 28. Oktober 1528 ausgestellt worden und befindet sich bis heute im Archiv der Familie. Sie spricht von Peter Raßler, von dem in zwölfter Generation der jetzige Besitzer der Weitenburg, Baron Max-Richard Raßler jun., abstammt. Die Urkunde gibt uns einen tieferen Einblick in die gesellschaftliche Stellung Peter Raßlers, in seine Vermögensverhältnisse sowie in das Gewerbe, das er betrieben hat.

Durch die genannte Urkunde erwarb Peter Raßler von Hans Zug, Bürger und Steinmetz in der Reichsstadt Überlingen am Bodensee, einen stattlichen Hof mit Kelter, Kelterzubehör und einem Baumgarten im oberen Dorf von Hagnau. Die Liegenschaft grenzte direkt an Ländereien, die dem Kloster Salem gehörten. Als Grundsteuer waren von Peter Raßler dem Kloster Weingarten neben einer gewissen Summe in bar ein „Herbsthuhn und 40 Eier“ abzuliefern, eine auf dem Kaufobjekt lastende Verzehrsteuer, die „Magensteuer“ genannt wurde, verlangte zusätzlich die Abgabe einer „Fastnachtshenne“ und 9 Eier. Darüber hinaus verkaufte Hans Zug an Peter Raßler vier Weinberge in Hagnau und zahlreiche weitere Grundstücke für insgesamt 535 Pfund Pfennige Überlinger Münze. Ein Pfund Pfennige war etwa einen Goldgulden wert, die aufgewandte Summe war also durchaus beträchtlich. Wie Peter Raßler diesen Kauf finanziert hat, ob die Familie schon zuvor vermögend war und nur Kapital „umgeschichtet“ wurde, ist nicht bekannt. Jedenfalls war Peter Raßler nun im Besitz von Weinbergen in einem Ort, der bis heute zu den besten Weinlagen im Bodenseegebiet zählt.

Die jährliche Grundsteuer für den Weinberg betrug einen Eimer Wein, was heute etwa 50 Liter entsprechen würde, der an das große Spital in Konstanz abgeliefert werden musste. Ein weiterer Weinzins war der Niederlassung eines Frauenklosters abzugeben.

Der allein durch diesen Kauf gewonnene Grundbesitz war beeindruckend: Neben einem Haus mit landwirtschaftlich nutzbaren Nebengebäuden, darunter eine Kelter mit Weinpresse („Torkel“), hatte er sieben Weinberge, ausgedehnte Wiesengrundstücke und einen Baumgarten erworben. Man kann Peter Raßler also als wohlhabenden Landwirt und Winzer bezeichnen, obwohl er möglicherweise noch einer weiteren Tätigkeit in der Gemeinde Hagnau nachging, die jedoch bisher noch nicht bekannt ist. Durch den Grunderwerb wurde er Bürger von Hagnau am Bodensee, wo er 1551 einen weiteren Hof mit Baum- und Rebgarten erwerben konnte.

Ursprünglich stammte Peter Raßler aus Mimmenhausen, einem kleinen Ort zwei Kilometer südlich des Klosters Salem im Tal der Aach. Seine Eltern werden bereits als „ehrbare“ Leute bezeichnet, was bedeutet hat, dass die Familie zur Oberschicht gehörte. Peter Raßler lebte damals in Kilchberg bzw. Kirchberg unweit von Hagnau und wurde ebenfalls „ehrsam und ehrbar“ genannt. Er zählte also wie seine Eltern zur sogenannten Ehrbarkeit, einem Stand, der zwischen Adel und Bürgertum einzuordnen ist. Der gesellschaftliche Aufstieg muss wohl schon mindestens zwei Generationen zuvor erfolgt sein, es ist also durchaus möglich, dass noch frühere Nennungen der Familie in Güterverzeichnissen des Spätmittelalters auftauchen werden.

Peter Raßler war mit Apolonia Waibel aus Markdorf verheiratet und hatte mit ihr drei Söhne und eine Tochter. Er war finanziell so gut gestellt, dass er zweien seiner Söhne ein Studium finanzieren konnte – die Landwirtschaft und den Weinbau hat wohl keiner seiner Nachkommen in Eigenarbeit weitergeführt. Der erste Sohn Moritz hat die geistliche Laufbahn beschritten, wurde Pfarrer in Bermatingen, das etwa acht Kilometer nördlich von Hagnau im Hinterland liegt, und später in Hagnau selbst. Der zweite Sohn Georg wurde der Stammvater eines sich in zahlreiche Linien aufspaltenden Familienzweiges, deren Abkömmlinge in hohe geistliche und weltliche Ämter aufgestiegen sind. Im ausgehenden 17. Jahrhundert wurde ein Brüderpaar aus dieser Linie, Franz Anton und Christoph Karl Raßler, für seine Verdienste um das Haus Habsburg am 7. April 1690 von Kaiser Leopold I. in den Adelsstand erhoben. Genau 100 Jahre später ist dieser Familienzweig aber im Mannesstamm erloschen.

Stammvater der freiherrlichen Familie auf der Weitenburg ist der dritte Sohn von Peter und Apolonia Raßler, Jakob Raßler. Er hatte Rechtswissenschaften studiert und hohe Verwaltungsstellen im deutschen Südwesten inne. So war er 1571

„Verklärung Christi am Berg Tabor",
Öl auf Holz, Johann Kaspar Memberger,
Konstanz, 1555–1618.
Gestiftet von Dr. Jacob Raßler SJ (1568–1617),
im Bild unten rechts über dem Familienwappen
dargestellt. Er war Generalvikar des Bischofs
Hugo v. Hohenlandenberg in Konstanz.
Erworben 2019 von den Brüdern Franz und
Max-Richard v. Raßler im Auktionshaus
Dorotheum, Wien.

Gebirgslandschaft im Tiroler Inntal, Gemälde von Johann Felix von Schiller, 1850, im Herrenzimmer auf Schloss Weitenburg

ten aufseiten der Verwaltung angesammelt hatten, versuchte der Kaiser, seinen Dank auf andere Weise zum Ausdruck zu bringen: Mit einer am 2. April 1681 in Linz ausgestellten Urkunde hat Leopold I. den bisher nur einfach geadelten Jakob Christoph Raßler von Gamerschwang in den Rang der „altgeborenen Herrn und Reichsfreiherrn" erhoben. Fortan konnte er sich „Freiherr Raßler von Gamerschwang" nennen. In diesem sogenannten Freiherrnbrief hat der Kaiser alle Verdienste des Erhobenen und seiner Vorfahren explizit erwähnt, die Rangerhöhung also auf einer sachlich begründeten Basis aufgebaut.

Als nunmehriges Wappen hat Kaiser Leopold I. der Familie das bisherige Raßler'sche Wappen kombiniert mit dem Wappen von Dornsperg verliehen und verfügt, dass im Herzschild seine Initiale „L" stehen soll. Dieses Wappen gilt bis heute und ist auf der Weitenburg allenthalben zu finden.

Jakob Christoph Freiherr Raßler von Gamerschwang ist am 12. Oktober 1685, als Gesandter des Kaisers, in München gestorben und dort auch beigesetzt worden. Seine Witwe hat ihn um knapp sechs Jahre überlebt. Sie fand ihre letzte Ruhestätte in der Marienkapelle in Gamerschwang.

Der Erstgeborene Franz Christoph wurde zum unbeschränkten Nachfolger seines Vaters auf dem Rittergut Gamerschwang. Dazu gehörte ferner das Gut Mollenberg bei Hergensweiler in Oberschwaben. Den Hof Kreenried hatte Jakob Christoph Raßler zur Versorgung seiner beiden anderen Söhne dem Jesuitenorden gegeben – allerdings unter der Bedingung der Rückkaufsmöglichkeit zu einem späteren Zeitpunkt, was tatsächlich auch geschehen ist.

Franz Christoph Raßler hatte zunächst Rechtswissenschaft studiert und war dann in die Dienste des Konstanzer Bischofs getreten, der ihn zu seiner Interessenvertretung nach Bregenz schickte. Auf Antrag und Empfehlung seines Vaters wurde Franz Christoph Raßler von Kaiser Leopold I. als Regimentsrat bei der oberösterreichischen Regierung in Innsbruck vorgeschlagen, was fortan sein Lebensmittelpunkt sein sollte.

Eine erste große Aufgabe stand Franz Christoph Raßler bevor, als er 1681 von Kaiser Leopold I. als einer der Chefunterhändler zum Friedenskongress nach Frankfurt am Main entsandt wurde. Frankreich versuchte damals, seinen Einflussbereich im Osten auf Kosten des Reiches auszudehnen, während gleichzeitig die südöstlichen Provinzen des habsburgischen Kaiserhauses von den Türken bedroht waren. Raßler hatte den Auftrag, einen friedlichen Ausgleich mit Frankreich auszuhandeln, was letztlich aber gescheitert ist. Weitere Missionen führten ihn nach Konstanz und in die Schweiz, wo er für drei Jahre kaiserlicher Abgeordneter war. Anschließend wurde er zum Abgesandten des Kaisers beim Immerwährenden Reichstag in Regensburg berufen.

Als er 1686 zum oberösterreichischen Vizekanzler in Innsbruck ernannt wurde, kehrte Raßler dauerhaft nach Tirol zurück. In erster Ehe hatte Franz Christoph Freiherr Raßler von Gamerschwang eine weitläufige Verwandte, Christine Maria Euphrosine Raßler, geheiratet. Sie stammte aus der sehr weit verzweigten Linie, die von Georg, dem ältesten Sohn des Stammvaters Peter Raßler, ausging. Wegen des vierten Grades der Blutsverwandtschaft hatte zuvor in Rom die Dispensation, d. h. die päpstliche Befreiung von Ehehindernissen, eingeholt werden müssen. Aus dieser Ehe sind neun Kinder hervorgegangen. Zwei Söhne traten in den Jesuitenorden ein, ein weiterer wurde Domherr in Chur, und ein vierter hat 1702 den Tod in der Schlacht gefunden, ohne Nachkommen hinterlassen zu haben.

Eine zweite Ehe ist Franz Christoph Raßler 1680 mit Maria Franziska von Hallweil zu Blödeck eingegangen. Sie war die Tochter des in Diensten des Fürstbischofs von Konstanz stehenden Obervogts der im schweizerischen Thurgau gelegenen Herrschaft Güttingen. Nach drei Töchtern, die alle in adelige Familien eingeheiratet haben, wurde 1692 schließlich der Stammhalter geboren und auf die Namen Johann Franz Joseph Rupert getauft.

Burg Klamm im Tiroler Inntal, im Familienbesitz von 1688 bis 1702

sche Hofkammer, und den andern halben Theil denen Beschädig-
ten unnachläßlich zu bezahlen verfallen seyn solle, jedoch anderen die dem vorbeschribenen adelichen Nahmen auch das Pra-
dicat in etwas gleichführen, an derselben Ihren Nahmen
und Rechten unvergriffen und unschädlich.
Mit Urkund dises Briefs, besigelt mit Unseren anhangen-
den Kayserlichen grösseren Insigel, der geben ist auf Unseren Schloss zu Linz den anderten April im sechzehenhun-
dert und ein und achtzigsten, Unserer Reiche des Römischen
im drey und zweinzigsten, des Hungarischen im sechs und
zweinzigsten und des Boheimbischen im fünf und zweinzigsten Jahre.

Leopold

Ad Mandatum Sac. Cae.
Maiestatis proprium.

Signatur Kaiser Leopold I. unter dem Freiherrenbrief von 1681

Die Familie hatte zwar seit 1661 in Gamerschwang bei Ehingen an der Donau einen vom Hause Fürstenberg lehensabhängigen Herrensitz, der mit der Erhebung in den Freiherrnstand zu einem festen Bestandteil ihres Namens geworden war. Da aber der Lebensmittelpunkt der Familie nun in Tirol lag und die Familie damals in Innsbruck in der sogenannten oberösterreichischen Regimentsbehausung zur Miete wohnte, wollte Baron Franz Christoph Raßler auch in Tirol einen standesgemäßen Wohnsitz erwerben: Es wurde die majestätisch über einer Schlucht thronende Burg Klamm.

Sie liegt in Tirol am Südrand des Mieminger Plateaus, etwa drei Kilometer nordwestlich der Zisterzienserabtei Stams. Sie gehört heute zur Gemeinde Obsteig und wurde wohl um die Mitte des 13. Jahrhunderts im Auftrag der Staufer zur Absicherung eines Verkehrsweges, der von Nassereith ins Inntal führte, angelegt. Später im Besitz der Tiroler Grafen, war Burg Klamm Sitz verschiedener Dienstmannengeschlechter. Als Burg Klamm im 15. Jahrhundert an Herzog Sigmund von Tirol kam, wurde sie Sitz der Verwaltung und eines Burgvogts. Zweimal waren mit diesem Amt uneheliche Söhne Sigmunds beauftragt. Als der Nachfolger Sigmunds, der spätere Kaiser Maximilian I., die Gegend um Stams als bevorzugtes Jagdgebiet schätzen lernte, musste ihm die Burg Klamm stets offen gehalten und ihm darin Aufenthalt gewährt werden. 1650 gelangte die Herrschaft St. Petersberg mit der Burg Klamm pfandweise an die Grafen Clary-Aldringen, welche die Burg an eine bürgerliche Familie verpachteten. Nachdem Kaiser Leopold I. 1674 die Herrschaft und die Burg an die Pfandinhaber „verkauft" hatte, wechselte die Burg Klamm bereits nach 14 Jahren erneut den Besitzer.

Im April 1688 wurde Freiherr Franz Christoph Raßler von Gamerschwang neuer Burgherr. Graf Max Georg von Clary und Aldringen verkaufte die Burg Klamm mit allen dazugehörigen Gütern an den kaiserlichen geheimen Rat und oberösterreichischen Regimentskanzler. Schon ein Jahr zuvor hatte er das auf einer Insel von einem kleinen See umgebene Schlösschen Freundsheim bei Barwies erworben. Es war früher ein beliebter Jagdsitz von Erzherzog Sigmund und Kaiser Maximilian gewesen. Leider stellte sich aber bald heraus, dass das traditionsreiche Gebäude völlig unbewohnbar war, weshalb der Freiherr schließlich die Burg Klamm als „Residenz" erworben hat. Die Burg wurde wohnlich hergerichtet und als „Stammsitz" genutzt. Die Wälder am Lehnberg und am Marienberg dienten der Jagd und der See um das unweit gelegene Schlösschen Freundsheim dem Fischfang. Die freiherrliche Familie Raßler von Gamerschwang führte fortan in Tirol das beschauliche Leben des Landadels.

Der Besitz wurde ständig ausgebaut und bis ins Etschtal und seine Seitentäler hinein ausgedehnt. So kam schon 1689 die Feste Bernegg im Kauner Tal in die Hand Franz Christoph Raßlers, zahlreiche Brückenzölle, Höfe, Wälder und landwirtschaftliche Flächen folgten, sodass am Ende ein stattlicher Gesamtbesitz zusammengekommen war.

Inzwischen hatte ihn Kaiser Leopold I. 1687 zum oberösterreichischen Kanzler ernannt, zwei Jahre später wurde er oberösterreichischer Geheimer Rat „in Ansehung seines sonderbaren Wissenschaft bezeugenden Fleiß und Eifers". Allerdings war dieser Dienst anfangs unbesoldet, erst später erhielt er eine Gratifikation in Höhe von 300 Gulden jährlich. Zu seinen Aufgaben gehörte beispielsweise auch, sich für die nach Savoyen ziehenden Truppen um deren Unterbringung zu kümmern. Aus den überlieferten Quellen kann entnommen werden, dass er über ein ungewöhnliches Verhandlungsgeschick sowie über ein ausgeprägtes Organisationstalent verfügt haben muss.

Höchstwahrscheinlich war es nur dem Zufall geschuldet, dass die Familie schließlich am oberen Neckar heimisch wurde und einen „Stammsitz" in Gestalt der Weitenburg erworben hat. Es war üblich, dass ein oberösterreichischer Regimentskanzler für seine Verdienste mit „Naturalien", also mit Dörfern, Ländereien und Herrschaftssitzen, entlohnt wurde. Möglicherweise hat Kaiser Leopold I. ganz bewusst heimfallende Lehen in der Herrschaft Hohenberg im Auge gehabt, um Baron Franz Christoph Raßler, dessen Treue zum Haus Österreich vielfältig unter Beweis gestellt worden war, in dieser Gegend ansässig zu machen. Sie lag an der Grenze zum protestantischen Württemberg, und da konnte es nur von Vorteil sein, einen kompromisslos habsburgtreuen und katholischen Vasallen dort anzusiedeln.

In einem persönlichen Schreiben hatte Kaiser Leopold I. am 31. Januar 1690 Baron Franz Christoph Raßler einige Lehen in Aussicht gestellt, die in absehbarer Zeit durch das Aussterben der Herren von Wernau frei werden würden. Es handelte sich dabei um den Blutbann, also die hohe Gerichtsbarkeit, über Schloss und Dorf Bieringen, das bei Horb liegende Dorf Bittelbronn sowie einen halben Hof in Öschelbronn bei Böblingen. Das Versprechen der Anwartschaft war aber nicht ganz selbstlos für den Kaiser, denn er verlangte als Gegenleistung, dass Baron Raßler auf seine bei österreichischen Ämtern auf Auszahlung wartenden 6.500 Gulden verzichten müsse.

Tatsächlich starb 1696 mit Johann Georg von Wernau dieses Geschlecht im Mannesstamm aus, und die Lehen fielen zurück an den Kaiser. Da Baron Franz Christoph Raßler inzwischen ebenfalls gestorben war, wurden am 9. März 1697 seine beiden hinterlassenen Söhne Johann Baptist und Joseph Rupert mit den ehemals Wernau'schen Rechtstiteln belehnt. Die Situation in Bieringen gestaltete sich etwas schwierig, weil nur die hohe Gerichtsbarkeit an die Familie Raßler gefallen war, das eigentliche Dorf aber ein sogenanntes Kunkellehen war. Dies bedeutete, dass beim Aussterben einer Familie ein Besitztitel nicht zurück an den Kaiser, sondern über die weibliche Erbfolge an eine Tochter fallen würde. Das Dorf Bieringen gehörte deshalb fortan Johann Friedrich von Ow, der mit einer geborenen von Wernau verheiratet war.

Im selben Jahr 1690 hatte Kaiser Leopold I. seinem Innsbrucker Regimentskanzler noch weitere Lehen am oberen Neckar in Aussicht gestellt, sollte der letzte Herr von Ehingen versterben und damit das ganze Geschlecht erlöschen. Es ging dabei um je ein lehnbares Viertel von Börstingen und Sulzau sowie die hohe Gerichtsbarkeit über diese beiden Dörfer, den Blutbann über Schloss und Städtchen Obernau sowie um den hohenbergischen Anteil an Obernau. Als Gegenleistung verlangte der Kaiser auch in diesem Fall den Verzicht auf Kapitalforderungen in Höhe von 12.600 Gulden, die Baron Franz Christoph Raßler bei verschiedenen österreichischen Amtsstellen ausstehen hatte. Sieben Jahre später ist der Heimfall der Lehen tatsächlich eingetreten.

Das am nördlichen Ufer des Neckars in reizvoller Gegend liegende Börstingen und ein Viertel des benachbarten Dorfes Sulzau, das österreichisches Lehen war, sind – im Gegensatz zur häufig den Besitzer wechselnden Weitenburg – während des ganzen 17. Jahrhunderts in der Hand der Herren von Ehingen geblieben. Der letzte männliche Vertreter dieser Familie, Albrecht Sigismund von Ehingen, hat das Börstinger Schloss seit 1680 bewohnt. Dort ist er 1697 nach einem reich bewegten und von persönlichen Tragödien überschatteten Leben in Verarmung und Einsamkeit gestorben. Als er in der Börstinger Kirche bestattet wurde, hat man nach altem Brauch sein Wappenschild über dem Grab zerbrochen und damit gezeigt, dass der Letzte seines Stammes die ewige Ruhe gefunden hat.

Neben den Lehen, welche die Herren von Ehingen vom Hause Österreich empfangen hatten, gab es auch noch sogenannte Allode, d. h. rechtlich unbelastete Eigengüter. Dieses Privatvermögen war als Erbe von Albrecht Sigismund von Ehingen auf seine Nichte Anna Katharina übergegangen. Sie verkaufte es im Advent 1697 für 6.100 Gulden an Baron Karl Joseph von Hohenberg. Da Baron Hohenberg jedoch die geforderte Summe nicht bezahlen konnte, hat die Witwe von Freiherr Franz Christoph Raßler den Ehinger Privatnachlass übernommen und 1699 den geforderten Betrag beglichen. Auf diese Weise ist Börstingen schließlich ungeteilt, also mit allen Rechtstiteln, in den Besitz der Familie Raßler von Gamerschwang übergegangen.

Trotz aller Anwartschaften auf Güter am oberen Neckar ist der Wohnsitz der Familie vorerst in Innsbruck bzw. in Tirol geblieben. 1694 wurde Freiherr Franz Christoph Raßler als Reichsreferendar nach Wien berufen. Dort ist er jedoch nie angekommen, da er unterwegs unerwartet verstorben ist. Er liegt in Innsbruck begraben.

In der Folge kam es zu jahrelangen Erbauseinandersetzungen zwischen der Witwe und dem Stiefsohn Georg Sigismund aus der ersten Ehe Franz Christoph Raßlers. Obwohl in den geistlichen Stand getreten, kämpfte er mit großer Ausdauer um das Gut Gamerschwang. Nach sechsjährigem Zusehen hat die oberösterreichische Verwaltung im Jahr 1700 der verwitweten Freifrau Maria Franziska als Administratoren den oberösterreichischen Regierungsrat Johann Baptist Moßer von Moßhofen und den Regierungsadvokaten Matthias Mayer von Mayersheim an die Hand gegeben. Trotzdem sind die Auseinandersetzungen weitergegangen, sie konnten erst 1708 zu Innsbruck geschlichtet werden. Georg Sigismund starb 1744 in Rheinfelden.

Beim Tod seines Vaters war Joseph Rupert erst ein Jahr und zwei Monate alt. Er war in Innsbruck geboren und bald nach der Inbesitznahme von Börstingen mit seiner Mutter und Geschwistern an den oberen Neckar ins dortige Schloss gezogen. Seine Ausbildung erfuhr er in Rottenburg. Als seine Mutter 1711 starb, war er 19 Jahre alt. Trotzdem blieben die beiden oberösterreichischen Administratoren zunächst noch seine Vormünder. Erst im Alter von 24 Jahren konnte er frei über sein beträchtliches Vermögen verfügen.

Obwohl er neben Gamerschwang weitere umfangreiche Güter in Oberschwaben und in Tirol geerbt hat, wurden schließlich die später erworbene Weitenburg und das Land am oberen Neckar zum Lebensmittelpunkt der Familie.

Kaiser Leopold I. (1640–1705), Gemälde auf Schloss Weitenburg

Eingang und Flur zur Golf-Suite im Südflügel, Parterre

Golf-Suite
Schlafzimmer

Golf-Suite
Wohnzimmer

Flur im Ehinger Bau, 1. Stock

Großes Himmelbettzimmer Nr. 203

Kleines Himmelbettzimmer Nr. 103

Zimmer Nr. 205 und Nr. 102

Wappengläser der Württembergischen Ritterschaft des 19. Jahrhunderts

S. 68: Wappenfenster mit Chaiselongue im Roten Salon

Kleiner Treppenturm im Südflügel

S. 70: Haupttreppenhaus im Südflügel mit flämischem Wandteppich

S. 72: Flur im 1. Stock, Südflügel

S. 73: Badezimmer mit Kupferbadewanne in der Suite „New York"

S. 74–75: Schlafzimmer, Suite „New York"

Vom Erwerb der Weitenburg bis zum Tod von Baron Joseph Raßler

Durch die kaiserliche Belehnung mit heimgefallenen Lehen der im Mannesstamm erloschenen Familien von Wernau und von Ehingen sowie durch den Erwerb von Schloss Weitenburg und des Dorfes Sulzau hat die freiherrliche Familie Raßler von Gamerschwang ihren Besitzschwerpunkt an den oberen Neckar verlegt. Das namensgebende Gut Gamerschwang an der Donau, etwa vier Kilometer östlich von Ehingen gelegen, wurde anfangs noch als Nebenwohnsitz genutzt, später aber ist das dortige Schloss zu einer Nebenresidenz für nachgeborene Söhne geworden.

Das fürstenbergische Lehen Kreenried bei Pfullingen war 1655 bei der ersten Erhebung in den Adelsstand offiziell dem Namen Raßler hinzugefügt worden („Raßler von Kreenriedt") und hatte später vorübergehend zur finanziellen Ausstattung von in den geistlichen Stand getretenen Angehörigen gedient. Nachdem es wieder an Freiherr Joseph Rupert Raßler zurückgefallen war, wurde dieser 1721 von Landgraf Anton Maria Friedrich von Fürstenberg als fürstlicher Vormund mit dem Hofgut Kreenried belehnt. Zeitgleich erhielt er auch das ebenfalls fürstenbergische Lehen Gamerschwang traditionsgemäß übertragen.

Hofseite des Schlosstors mit barocker Sandsteinfigur des hl. Josef, Schutzpatron der Familie und der Weitenburg

Den einst umfangreichen Besitz in Tirol hat Freiherr Joseph Rupert Raßler bis 1750 vollständig abgestoßen. So, wie sich das Kloster Marchtal 1720/21 wegen zu weiter Entfernung von seinem Besitz am oberen Neckar getrennt hatte, so hatte Baron Raßler bald erkannt, dass die Burgen, Güter und Rechtstitel in Tirol und im Etschtal von der Weitenburg aus nicht effektiv genug verwaltet werden konnten – und deshalb ein Verkauf sinnvoll wäre.

Während die Vorfahren bis zurück ins 16. Jahrhundert sich ihren Lebensunterhalt in Diensten des Kaisers und zahlreicher anderer Herren verdient haben und dadurch in den Adelsstand aufsteigen konnten, war Joseph Rupert Raßler der erste Angehörige seiner Familie, der kein öffentliches Amt bei fremden Herren ausgeübt, sondern sich ausschließlich der Verwaltung seiner Güter gewidmet hat.

Eingangstür, Schloss Börstingen

Kurze Zeit nach seinem Umzug vom Börstinger Schloss auf die Weitenburg hat Freiherr Joseph Rupert Raßler von Gamerschwang im Januar 1723 Freiin Maria Ottilia Johanna von Bodman geheiratet. Sie war die Tochter des erst sieben Jahre zuvor in den Freiherrnstand erhobenen Johann Adam von und zu Bodman und der Maria Anna aus dem Geschlecht derer von Kageneck. Maria Ottilia Johanna entstammte einer uradeligen Familie und war in Schloss Espasingen unweit von Bodman am äußersten Ende des Überlinger Sees aufgewachsen. Sie brachte 1726 eine Tochter zur Welt, die später einen Freiherrn Keller von Schleitheim ehelichte. Als das Kind zwei Jahre alt war, starb die Mutter 1728. Sie war nur 24 Jahre alt geworden.

Der Witwer heiratete bald darauf die ebenfalls verwitwete Maria Anna Vöhlin von Illertissen, deren Angehörige diese Ehe zu verhindern suchten. Da es für beide Partner eine Verbindung aus Neigung war, haben sie alle sich ihnen entgegenstellenden Widerstände überwunden. Maria Anna Vöhlins Familie war schon im 16. Jahrhundert von Kaiser Karl V. geadelt worden und im Raum Illertissen reich begütert. Sie war in erster Ehe mit dem letzten männlichen Vertreter der Freiherren von Hohenberg, Franz Joseph Anton, vermählt. Die Hohenbergs entstammten der unebenbürtigen Verbindung des Erzherzogs Ferdinand von Österreich, dem jüngeren Bruder von Kaiser Maximilian II., mit der Augsburger Patriziertochter Philippine Welser.

Als Freiherr Franz Joseph Anton von Hohenberg 37-jährig im April 1728 starb, wurde er in Rottenburg in der Stadtpfarrkirche St. Martin, dem heutigen Dom, beigesetzt. Wie schon beim Erlöschen der Familien von Ehingen und von Wernau wurde auch diesmal über dem offenen Grab das in solchen Fällen übliche Ritual vollzogen: Sein Vetter Freiherr Keller von Schleitheim zerbrach einen Stab und das Wappenschild der Hohenbergs und warf beides dann in das Grab hinab.

Laut dem Testament des Verstorbenen sollten seine Mutter, Freifrau Anna Katharina aus dem Geschlecht der Schindelin von Unterraitnau, sowie seine Witwe die Erben sein. Da diese schon im folgenden Jahr Freiherr Joseph Rupert Raßler von Gamerschwang heiratete, ist diesem eine wesentliche Rolle bei der sich über längere Zeit hinziehenden Nachlassregelung des letzten Hohenbergers zugefallen. Die hinterlas-

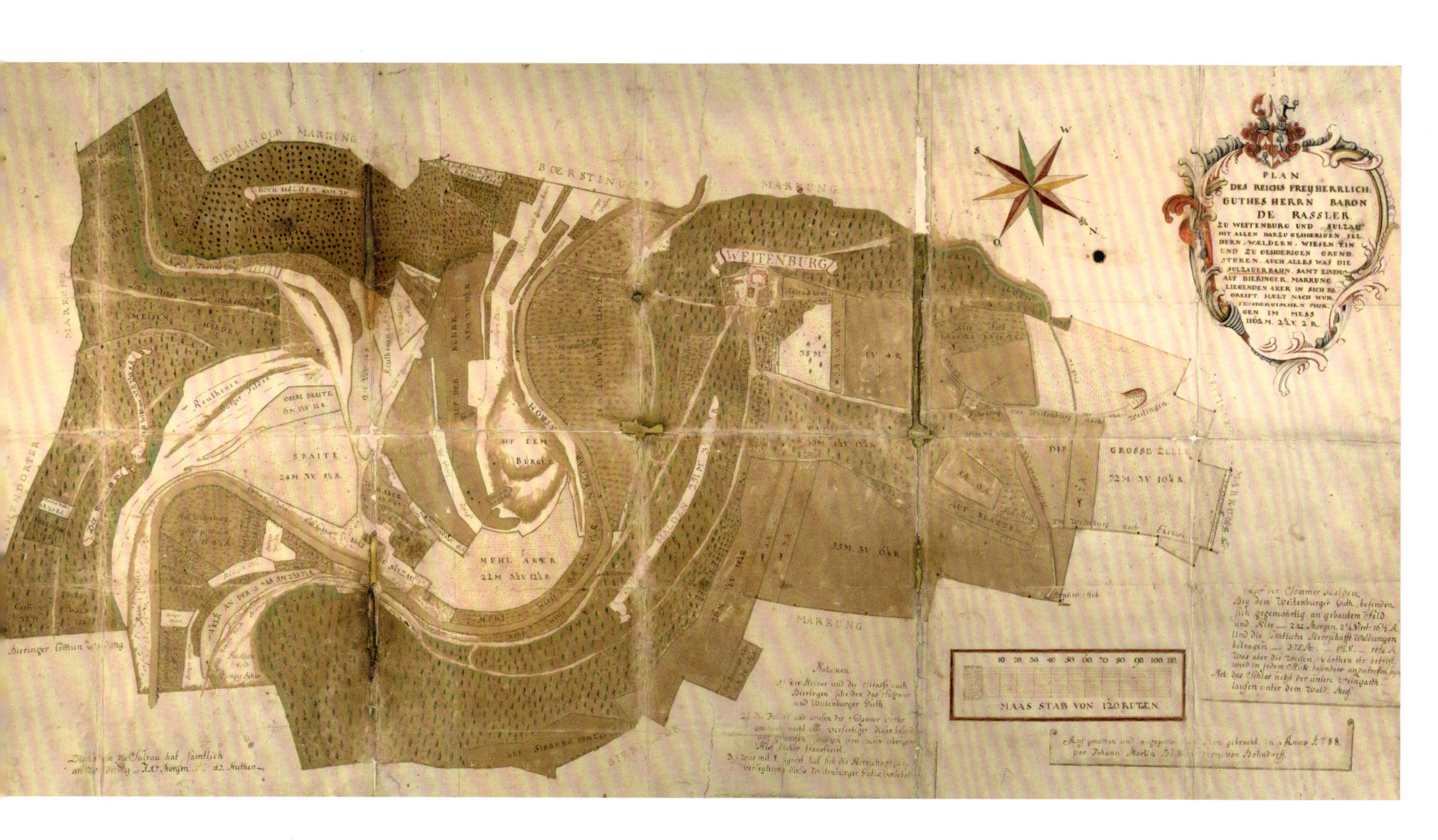

sene Schuldenlast und die Ungeduld der Gläubiger waren so groß, dass der völlige finanzielle Ruin der beiden Erbinnen drohte. 1733 kam es zu einer Bilanzierung des Erbes und zur gütlichen Aufteilung. Die Mutter des Erblassers erhielt 14.000 Gulden, die mit fünf Prozent verzinslich waren, sowie freies Wohnrecht im Hohenberg-Palais in Rottenburg.

Die Witwe und jetzige Gemahlin von Freiherr Joseph Rupert Raßler, Maria Anna, hat sich 2.500 Gulden samt Verzinsung gesichert und dafür die Hauptlast des Erbes übernommen. Da sie in ihrer zweiten Ehe in Gütergemeinschaft mit Baron Raßler lebte, stand dieser für die Nachlassverbindlichkeiten ein – nach seinen eigenen Worten, „um das Haus Hohenberg vor Schimpf" zu bewahren. Da jedes Leben ständig an einem „seidenen Faden" hängt, hatte der letzte Hohenberger verfügt, dass seine Mutter und seine Witwe sich gegenseitig beerben sollten. Dies hätte jedoch bedeutet, dass bei ei-

Baron Joseph Joh.
Adam Fidel Raßler
(1730–1806)

nem vorzeitigen Tod seiner Witwe alle Verbindlichkeiten auf seine Mutter übergegangen wären. In einer außerordentlich großherzigen Geste hat Freiherr Joseph Rupert Raßler sich dazu verpflichtet, in diesem Fall das Erbe seiner Frau komplett, d. h. einschließlich aller Schulden der Familie Hohenberg, zu übernehmen.

Freifrau Maria Katharina von Hohenberg starb 1737 im 64. Lebensjahr und wurde ebenfalls in der Rottenburger Pfarrkirche beigesetzt. Als Haupterben hatte sie den Gemahl ihrer einstigen Schwiegertochter, Baron Joseph Rupert Raßler, testamentarisch eingesetzt. Die Verstorbene hinterließ ein Vermögen von mehr als 17.000 Gulden, von dem aber eine größere Zahl von Stiftungen und Vermächtnissen auszuzahlen war. Ganz wesentlich war, dass damit das Hohenberg-Palais in Rottenburg frei von Lasten der freiherrlichen Familie Raßler von Gamerschwang zur Verfügung stand.

Schloss und Dorf Gamerschwang bei Ehingen an der Donau um 1800

Schloss Weitenburg um 1820

Aus der Erbmasse des Hauses Hohenberg waren Baron Raßler und seiner Gemahlin damals auch die Pfandschaften über die fünf Orte Weitingen, Rohrdorf, Hirschau, Wendelsheim und Wurmlingen sowie weitere Erträge, Zinsen und Rechtstitel zugefallen. Die Pfandsumme betrug 56.600 Gulden – eine stattliche Summe! Als Baron Raßler seine Rechte und Zinsen bei den Untertanen in diesen Dörfern einfordern wollte, kam es zu Beschwerden und Widerstand. Nach langwierigen Verhandlungen hat Kaiser Karl VI. 1740 die Ablösung der Pfandschaften schließlich genehmigt.

Acht Jahre später bot sich Baron Raßler die Gelegenheit, das Gut Domeneck an der Jagst sowie den benachbarten Weiler Seehof, beides südwestlich von Möckmühl gelegen, für 44.000 Gulden von den Erben des Freiherrn Carl Eugen Leutrum von Ertingen zu erwerben. Aber bereits vier Jahrzehnte später wurde beides von seinem ältesten Sohn für 60.500 Gulden wieder veräußert, da der Besitz zu weit vom oberen Neckar entfernt lag.

Im Jahr 1750 erwarb Baron Raßler von Freiherr Keller von Schleitheim den Ort Lützenhardt im Schwarzwald, etwa fünf Kilometer südlich von Pfalzgrafenweiler im Waldachtal gelegen. Um das Dorf wirtschaftlich voranzubringen, hat Freiherr Joseph Rupert Raßler eine gezielte Ansiedlungspolitik für Handwerker und Gewerbetreibende betrieben. Innerhalb kürzester Zeit kamen Korbflechter, Bürsten- und Besenbinder sowie Zunder- und Feuersteinhändler nach Lützenhardt. Auch in Börstingen hatte er versucht, die wirtschaftliche Entwicklung anzukurbeln, indem er eine Trikotagenfabrik ansiedelte, allerdings war dem Projekt kein Erfolg beschieden. Den verarmten Einwohnern gab er verbilligte Kredite, damit sie sich Webstühle anschaffen konnten, weitere Menschen brachte er in einem neu erschlossenen Gipsbruch in der Nähe in Arbeit und Brot. Zwischen 1750 und 1760 warb er auch in Gamerschwang um neue Siedler, die als Kesselmacher sowie Korb- und Wannenmacher gewirkt haben. Baron Raßler fühlte sich persönlich verpflichtet, die alltägliche Not seiner Untertanen nach Kräften zu lindern und die Wirtschaftskraft zu heben.

Baron Heinrich Raßler (1761–1808)

Dazu gehörten auch seine Bemühungen, die Börstinger Kaplanei zu einer Pfarrei zu erheben. Bisher waren die Einwohner des Dorfes nach Bierlingen eingepfarrt, d. h., sie mussten zu Taufen, Hochzeiten und Totenfeiern auf die Hochfläche südlich des Neckars gehen. Auch zur Sonntagsmesse war dieser beschwerliche Marsch unerlässlich. Da man dabei die Flussaue des Neckars durchqueren musste und diese zu bestimmten Jahreszeiten, besonders nach der Schneeschmelze, teilweise wochenlang unpassierbar war – die Börstinger also gar keinen Zugang zu geistlicher Versorgung hatten –, stiftete Baron Joseph Rupert Raßler in Börstingen eine Pfarrkirche. Börstingen wurde daraufhin mit Zustimmung der Bierlinger Ortsherren, der Freiherren von Ow, und des dortigen Pfarrers von Bierlingen abgetrennt und zu einer eigenständigen Pfarrkirche erhoben. Gegen die Ablösesumme von 300 Gulden, die Baron Raßler bezahlt hat, trat der Bierlinger Pfarrer die Kircheneinkünfte in Börstingen an die neu gegrün-

Baron Joseph Raßler (1786–1863)

dete Pfarrei ab. Vom Börstinger Pfarrer mitbetreut wurde fortan auch die Kapelle auf der Weitenburg, was bis auf den heutigen Tag so geblieben ist.

Das Rittergut mit Schloss in Börstingen, das seit dem Umzug auf die Weitenburg nur noch selten bewohnt worden ist, hat Freiherr Joseph Rupert Raßler 1760 seinem ältesten Sohn, Joseph Johann Adam Fidel, als ständigen Wohnsitz zugewiesen. Börstingen wurde nun für etwas mehr als anderthalb Jahrhunderte zur „Erbresidenz" für den Nachfolger des Majoratsherrn auf der Weitenburg.

Baron Joseph Rupert Raßler war 76 Jahre alt, als er 1768 nach einer äußerst harmonischen Ehe seine Gemahlin verloren hat. Die Verstorbene hatte ihm einst sechs Kinder geboren, darunter drei das Kindesalter überlebende Söhne. Ihr auf etwas mehr als 4.000 Gulden geschätztes Vermögen wurde inventarisiert und 1771 geteilt. Da war ihr Witwer aber auch schon nicht mehr am Leben. Bald nach dem Tod seiner Gemahlin hatte er sein Testament gemacht. Seine Absicht, den Familienbesitz noch zu seinen Lebzeiten zu verteilen, konnte er nicht mehr verwirklichen, da er am 24. September 1770 verstorben ist. Wegen seiner Fürsorge für die ihm anvertrauten Menschen und der Umsicht in seinen Handlungen war er sowohl von seinen Standesgenossen wie von seinen Untertanen hoch geachtet gewesen. Er wurde neben seinen beiden Gemahlinnen in der Börstinger Kirche bestattet.

Sein Testament, das wegen seiner grundsätzlichen Bestimmungen bezüglich der Nachlassregelung einem „Hausgesetz" nahekommt, listet den Gesamtbesitz detailliert auf. Da Baron Joseph Rupert Raßler das Vermögen „möglichst beysammen" lassen wollte, weil „bey allzu vielen Zersplitterungen der Güther der Adel geschwind in Abgang" gerate, sollte der älteste der drei Söhne, Joseph Johann Adam Fidel, das meiste erben.

Nach dem sogenannten Majoratsrecht, d. h. nach dem Erstgeburtsrecht, erhielt er neben Schloss Weitenburg die Orte Sulzau, Börstingen, Obernau, Bittelbronn und Lützenhardt, die Güter Domeneck und Cremensee, das Schlösslein zu Thalheim sowie zahlreiche Kapitalanlagen, ebenso Erträge und Zinsleistungen diverser Grundstücke und Rechtstitel. Darüber hinaus fiel ihm das Hohenberg-Palais in Rottenburg als Stadtresidenz zu. Als Beschwerung des Erbes wurde er verpflichtet, alle Schulden zu übernehmen, seine beiden Brüder übernahmen ihre Erbteile also unbelastet.

Der zweite Sohn Johann Adam Karl Sigmund (kurz „Johann" genannt), der die militärische Laufbahn eingeschlagen hat, erhielt das Gut Gamerschwang sowie Lobenbach, der dritte Sohn Franz Michael das Gut Niedereschach mit Graneck sowie Naturalleistungen des ältesten Bruders. Weitere Bestimmungen betrafen den Enkel Heinrich, dessen künftiges Universitätsstudium mit 1.000 Gulden jährlich finanziert werden solle und dem nach seiner Verheiratung als künftigem Majoratserben Schloss Börstingen als Wohnsitz einzuräumen sei.

Die drei Söhne einigten sich gütlich und haben nur marginale Änderungen an der Verteilung vorgenommen. Ganz anderes Ungemach drohte ihnen von der österreichischen Verwaltung in Rottenburg, die auf Befehl der vorderösterreichischen Regierung in Freiburg im Breisgau den Nachlass auf der Weitenburg versiegeln lassen wollte. Damit wäre die Verteilung unter die Oberaufsicht österreichischer Beamter gefallen. Diese sogenannte Obsignation konnten die drei Brüder aber mit dem Hinweis auf die Reichsunmittelbarkeit des Ritterguts Weitenburg verhindern.

Der gesamte Besitz der Familie Raßler war zwar teilweise lehensabhängig von Österreich, aber nie österreichisches Territorium gewesen. Das Oberamt Rottenburg, das aus der 1381 österreichisch gewordenen Grafschaft Hohenberg bestand, umgab die Besitzungen der freiherrlichen Familie Raßler von Gamerschwang nahezu vollständig. Diese räumliche Nähe hat immer wieder Begehrlichkeiten und Forderungen vonseiten Österreichs geweckt, die aber fast alle abgewiesen werden konnten.

Die drei Söhne begründeten nun also innerhalb der Familie drei „Linien": Der älteste wurde Chef der Weitenburger Hauptlinie, der zweite begründete die Linie Gamerschwang und der jüngste die sogenannte Dillinger Linie. Diese beiden jüngeren Linien starben bereits in der ersten Hälfte des 19. Jahrhunderts wieder aus.

Baron Johann hatte 1761 Charlotte von Hadik, die Tochter eines österreichischen Offiziers, geheiratet und schon damals mit väterlicher Genehmigung seinen Lebensmittelpunkt in Gamerschwang. Er versuchte durch Vermittlung des württembergischen Herzogs Carl Eugen, bei den Truppen des Schwäbischen Kreises Karriere zu machen. Tatsächlich erhielt er 1786 als Nachfolger des Fürsten von Hohenzollern-Sigmaringen das Kommando über das Kreis-Kürassierregiment im Rang eines Generalmajors.

Baron Johann Raßler war neben seinen militärischen Ambitionen auch ein außerordentlich kunstsinniger Mensch. In den Jahren 1780–1785 ließ er das Schloss in Gamerschwang von Grund auf neu errichten und darin seine umfangreiche Sammlung von Gemälden und Kupferstichen unterbringen. Allerdings hatten die Baumaßnahmen und Kunstkäufe seine finanziellen Möglichkeiten bei Weitem überstiegen und ihn in immer größere Anhängigkeit von Gläubigern gebracht. Als er im Dezember 1792 im Alter von 62 Jahren starb, wurde das Schloss Gamerschwang und sein gesamter Nachlass durch die Reichsritterschaft obsigniert, d. h. „versiegelt". Sogleich meldete sich ein italienischer Kunsthändler und forderte die Bezahlung von offenen Rechnungen. Insgesamt betrugen die auf Gut Gamerschwang lastenden Schulden und Verpflichtungen 112.313 Gulden. Der älteste Sohn des Verstorbenen, Baron Andreas Raßler, sah keine andere Möglichkeit, als Gut und Schloss Gamerschwang für 100.000 Gulden an den ältesten Bruder seines Vaters, den Weitenburger Majoratsherrn Freiherr Joseph Johann Adam Fidel Raßler, zu verkaufen.

Damit ist das Rittergut Gamerschwang zwar in den Familienfideikommiss, d. h. in das unteilbare Familienvermögen, zurückgeführt worden, aber die Gamerschwanger Linie besaß fortan keinen eigenen Wohnsitz mehr. Die Witwe zog mit zwei ihrer Töchter nach Kempten, die beiden Söhne Andreas und Johann Ignaz sind in den Militärdienst getreten. Sie waren auf zahlreichen Kriegsschauplätzen in ganz Europa aktiv. Der ältere, Baron Andreas, starb 1812/13 auf dem Russlandfeldzug Napoleons I. in Wilna. Baron Johann Ignaz verbrachte seinen Lebensabend in Rottenburg, wo er 1845 mit 75 Jahren verstorben ist. Seine Ehe mit Theresia Girzik von Vlodon ist kinderlos geblieben, deshalb ist die Gamerschwanger Linie durch seinen Tod im Mannesstamm erloschen.

Die von Freiherr Franz Michael Raßler begründete Dillinger Linie hat ebenfalls nicht lange bestanden: Auch er starb 1792 und hinterließ aus seiner Ehe mit Freiin Maria Febronia Taenzl von Tratzberg einen Sohn und vier Töchter. Man sprach von der „Dillinger" Linie, weil das Ehepaar seinen Wohnsitz in Dillingen a. d. Donau gewählt hatte. In der dortigen Pfarrkirche St. Peter fanden sie auch ihre letzte Ruhestätte. Ihr einziger Sohn, Baron Christoph, hat ebenfalls die militärische Laufbahn gewählt und war – wie sein Gamerschwanger Cousin – mit Napoleon I. auf dem Russlandfeldzug. Er starb im November 1812 auf dem Rückzug der „Grande Armée" in Orscha am Dnjepr.

Kehren wir nun zur Weitenburger Hauptlinie zurück, die seit der Erbteilung von 1770 von Baron Joseph Johann Adam Fidel (kurz „Joseph" genannt) repräsentiert wurde. Er war 1730 auf Schloss Weitenburg geboren und hatte in Straßburg bei den Jesuiten seine Ausbildung erfahren. Seit 1757 war er mit Freiin Maria Anna von Kageneck verheiratet. Durch die Ehe ihrer Schwester Maria Beatrix mit Graf Franz Georg Karl von Metternich-Winneburg-Beilstein ist die Familie Raßler in eine verwandtschaftliche Beziehung zu Clemens Fürst Metternich getreten, der ein Sohn von Maria Beatrix war. Der spätere österreichische Staatskanzler war somit ein direkter Cousin von Baron Heinrich Raßler.

Nach nur vierjähriger Ehe verstarb Freifrau Maria Anna im Alter von nur 25 Jahren. Sie hinterließ drei Kinder, darunter den 1761 geborenen Majoratserben Heinrich. Obwohl erst 31 Jahre alt, hat der Witwer nicht noch einmal geheiratet. Er widmete sich wie sein Vater ganz der Verwaltung seiner Besitzungen. Dazu gehörte der Neubau des Schlosses Börstingen, in das dann sein Sohn Heinrich eingezogen ist, sowie der Kauf des Rittergutes Gamerschwang aus dem überschuldeten Nachlass seines Bruders.

Da nach jedem Thronwechsel der neue Kaiser die vergebenen Lehen bestätigen musste, hat der 1792 zur Regierung gelangte Kaiser Franz II. im August 1794 allen lebenden männlichen Angehörigen der freiherrlichen Familie Raßler von Gamerschwang sowohl die angestammten reichsunmittelbaren als auch die österreichischen Lehen bestätigt. Es war dies die letzte traditionelle Belehnung durch einen Angehörigen des Hauses Österreich, denn bald sollten sich die Verhältnisse durch die napoleonischen Umwälzungen fundamental ändern.

1795 wurde Baron Joseph Raßler noch zum Ritterhauptmann des Ritterkantons Neckar-Schwarzwald gewählt, aber schon drang der durch die Französische Revolution ausgelöste Krieg bis ins Neckartal vor. Als französische Soldaten in der Umgebung Quartier bezogen, luden sie den benachbarten Adel ein, mit ihnen in Bad Imnau der Spielleidenschaft zu frönen. Baron Heinrich Raßler soll von seinem Schloss in Börstingen immer wieder nach Imnau gekommen sein und beim Spiel hohe Geldsummen verloren haben. Diese unerwarteten Kapitalverluste sowie der Rückkauf von Gamerschwang haben das einst so ansehnliche Vermögen von Baron Joseph erheblich geschmälert. In diesem Zusammenhang musste er 1796 das Hohenberg-Palais in Rottenburg verkaufen, das dann in bürgerlichem Besitz zum Gasthaus „Waldhorn“ umgebaut wurde.

Bald folgte aber die dunkelste Phase seines Lebens. Im Vorgriff auf den am 26. Dezember 1805 geschlossenen Frieden von Pressburg, der den Dritten Koalitionskrieg zwischen Österreich und Frankreich beendet hat, ist die reichsunmittelbare Herrschaft Weitenburg vom Kurfürstentum Württemberg schon Anfang Dezember in Besitz genommen worden. Damit wurden Rechtsverhältnisse aufgelöst, die über Jahrhunderte hinweg Bestand gehabt hatten. Baron Joseph Raßler hat den Zugriff Württembergs auf seine Herrschaft dem Ritterkanton Neckar-Schwarzwald am 4. Dezember 1805 schriftlich angezeigt und angemerkt, er habe sich dagegen „nur durch Protestation“ widersetzen können – allerdings ohne Erfolg.

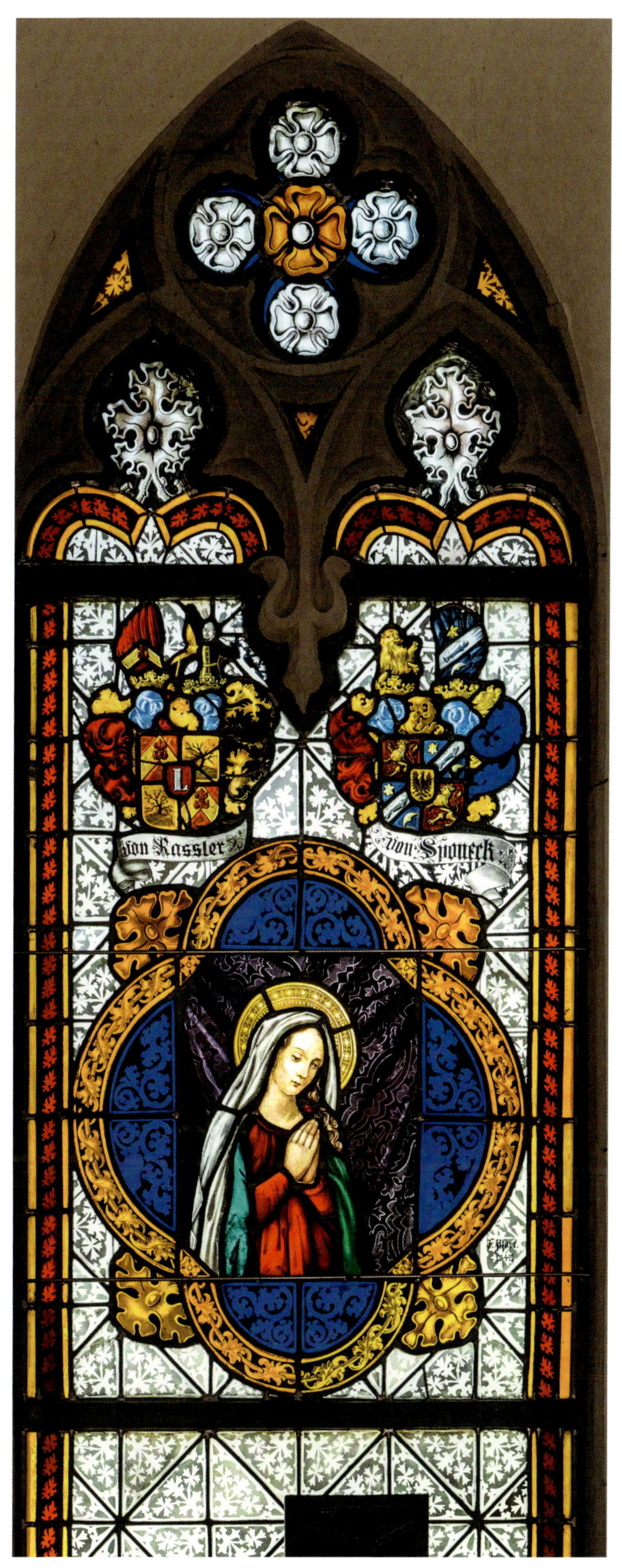

Fenster in der Grabkapelle in Börstingen mit den Wappen v. Raßler und v. Kageneck

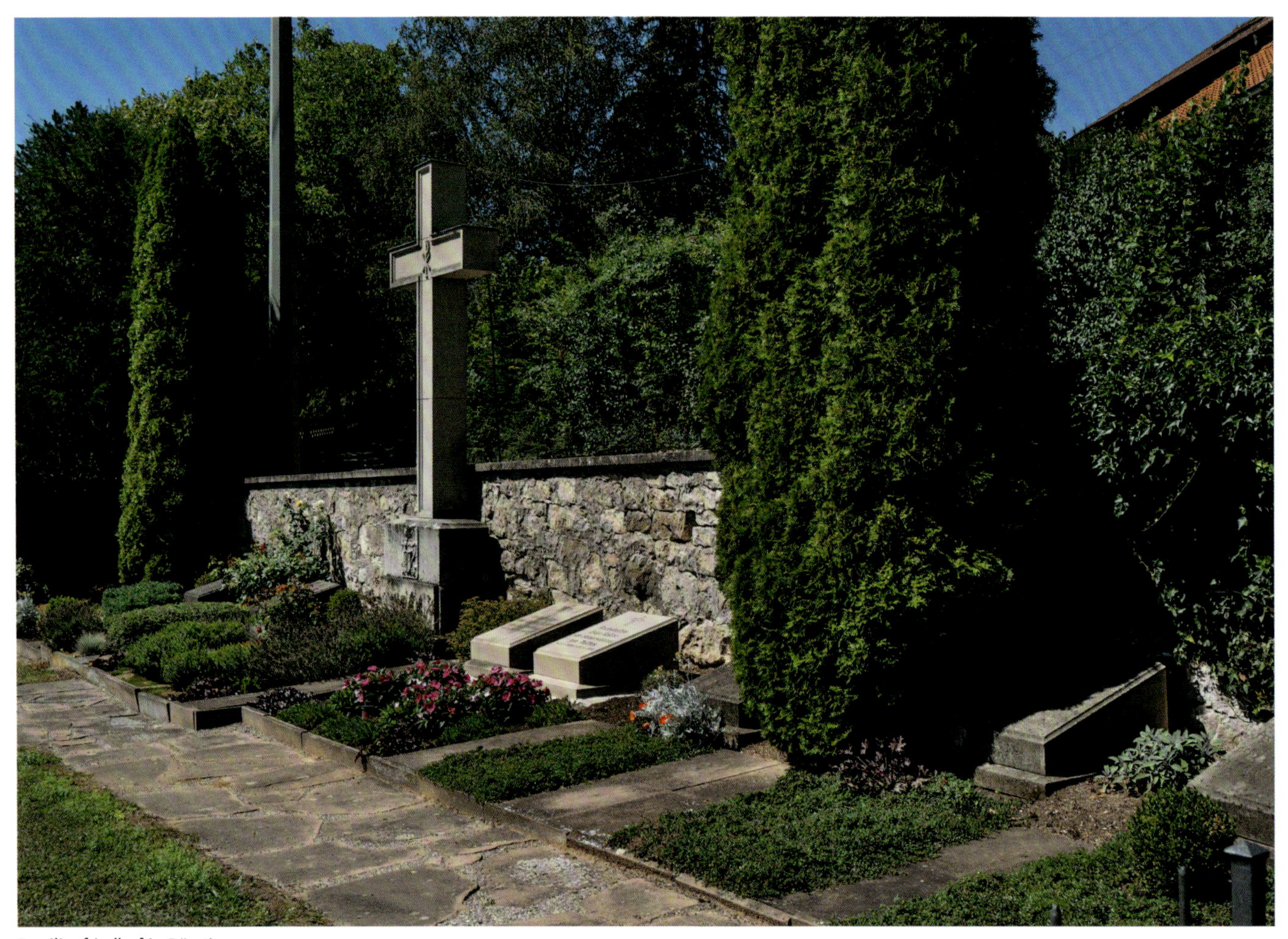

Familienfriedhof in Börstingen

Nachdem der bisherige württembergische Herzog und Kurfürst Friedrich am 1. Januar 1806 die Königswürde angenommen hatte, versuchte er, die durch Annexion ihrer Herrschaften gedemütigten Adligen mit Hofämtern zu besänftigen. Baron Joseph Raßler wurde zum Königlichen Kammerherrn und Oberstküchenmeister ernannt. Wie tief ihn die Erniedrigung durch Württemberg getroffen haben muss, kann man nur erahnen. Wenige Monate später, am 28. Juni, ist Freiherr Joseph Raßler von Gamerschwang im 76. Lebensjahr an Entkräftung gestorben.

Baron Heinrich Raßler hat 1761 auf Schloss Weitenburg das Licht der Welt erblickt. Im Alter von 20 Jahren ist er als Kadett beim Kürassierregiment Hohenzollern-Hechingen in die Armee eingetreten, jedoch schon vier Jahre später, im Juni 1785, hat er den Dienst wieder quittiert. Nur fünf Monate danach hat er Franziska Reichsgräfin Schenk von Castell geheiratet, mit der er zwei Kinder hatte. Nach nur vierjähriger Ehe verstarb die junge Gemahlin im Alter von 25 Jahren an den Masern. Baron Heinrich Raßler schloss nach Ablauf des Trauerjahres kurz vor Weihnachten 1790 ein zweites Mal den Ehebund: Seine Gemahlin wurde Maria Theresia Franziska Reichsfreiin von Welden zu Groß-Laupheim und Achstetten. Die Familie hat im Börstinger Schloss Wohnung bezogen. Nach dem Tod von Baron Joseph im Juni 1806 hielt sie sich überwiegend in Gamerschwang auf. Dort ist Baron Heinrich nach nur zwei Jahren als Majoratsherr im September 1808 verstorben. Er wurde in der Familiengruft der dortigen Pfarrkirche beigesetzt.

Nachfolger wurde sein Sohn aus erster Ehe, Baron Joseph, der zum Zeitpunkt des Todes des Vaters noch keine 22 Jahre alt war. Von den insgesamt neun Kindern waren sieben der zweiten Ehe entsprossen, darunter vier Söhne. Zwei von ihnen, Friedrich und Carl, starben während der Napoleonischen Kriege den Soldatentod. Der jüngste Sohn Theodor ist 1822 in Neuburg a. d. Donau einer Krankheit erlegen, das sechste Kind, Eduard, bekam 1835 das Gut Gamerschwang als Sekundogenitur. Damit war ein zweites Mal ein Familienzweig begründet worden, der sich nach dem Ort an der Donau nannte.

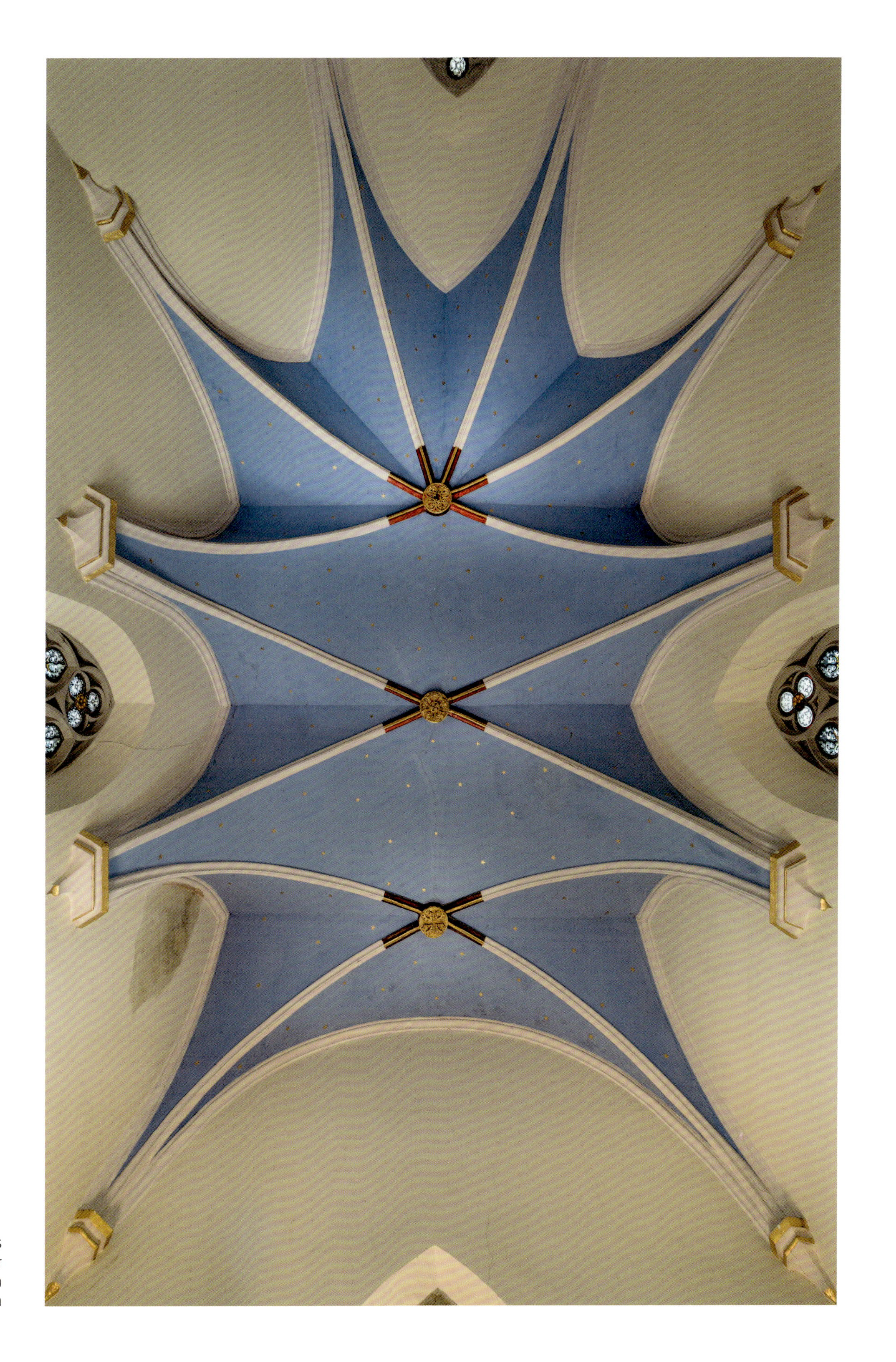

Neugotisches
Kreuzgewölbe in der
Grabkapelle in
Börstingen

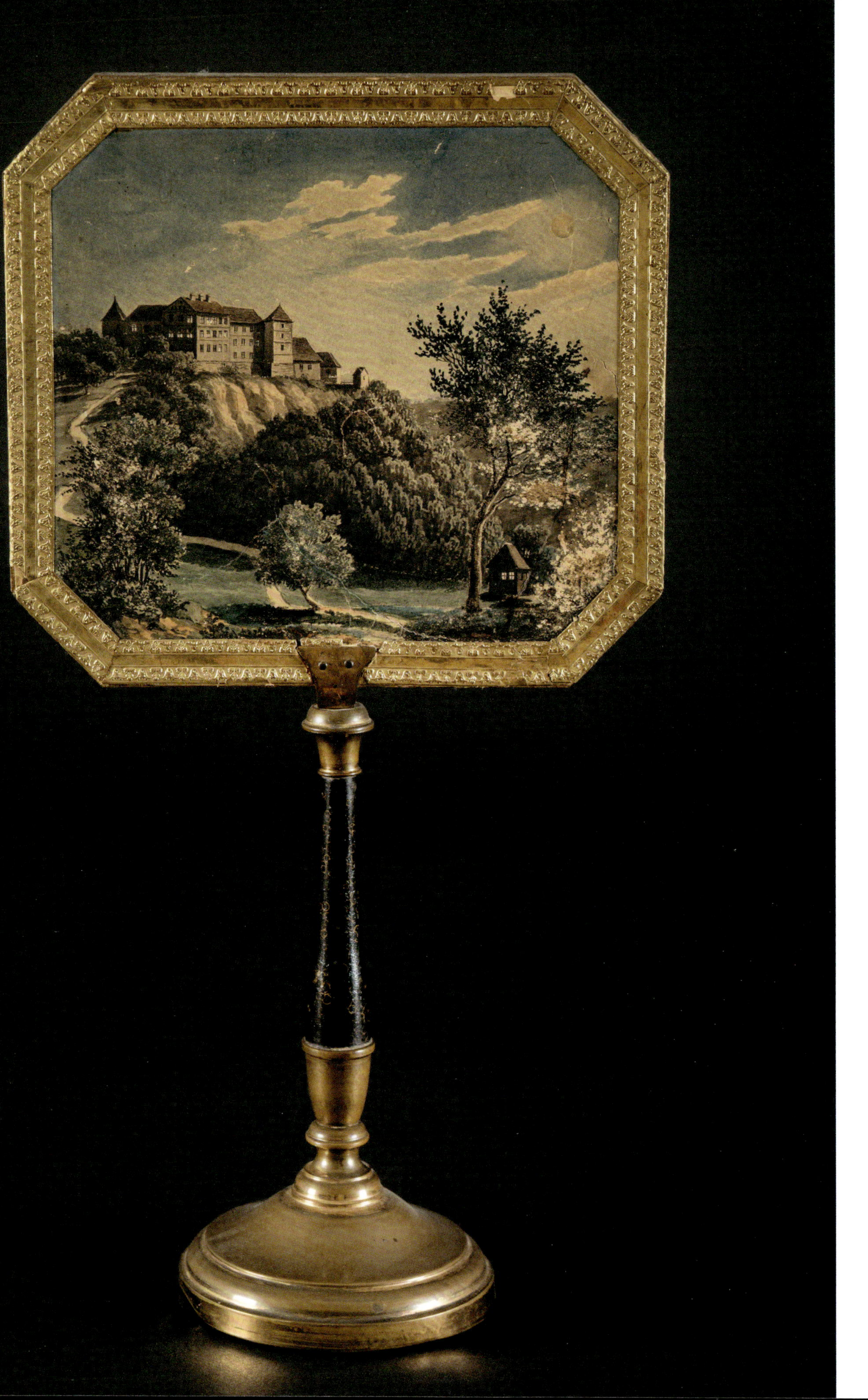

Lichtschirm mit Darstellung der Weitenburg um 1810

Baron Eduard war in der Schweiz im Erziehungsinstitut des berühmten Pädagogen Philipp Emanuel von Fellenberg in Hofwil bei Bern erzogen worden. Zur selben Zeit war dort der gleichaltrige Graf Alexander von Württemberg untergebracht, der später ein bedeutender Vertreter des Schwäbischen Dichterkreises wurde und unter dem Pseudonym „Sandor von S." Gedichte veröffentlicht hat. Beide Männer sind sich ein Leben lang in Freundschaft verbunden geblieben. Anschließend hat er in Heidelberg und Tübingen Rechtswissenschaft studiert und eine Stelle im Staatsdienst angenommen. Mit der Übernahme des Rittergutes Gamerschwang hat Baron Eduard seine Anstellung aufgegeben und sich ausschließlich der Verwaltung seines Besitzes gewidmet. 1839 ist er im Alter von erst 38 Jahren gestorben. Fünf Jahre zuvor hatte er Freiin Emilie Lisette von Wirsing geehelicht. Dieser Familienzweig, der seinen Wohnsitz im Schloss zu Gamerschwang hatte, ist 1952 nach drei Generationen im Mannesstamm erloschen.

Der Weitenburger Majoratserbe, Baron Joseph Raßler, war 1786 im Börstinger Schloss geboren und hat seine Ausbildung an der Universität zu Landshut erfahren. Anschließend trat er in Würzburg in bayerischen Militärdienst. Nach der Einverleibung der Herrschaft Weitenburg durch Württemberg setzte Baron Joseph seine militärische Laufbahn in der württembergischen Armee fort. Er nahm am Russlandfeldzug teil und war später mit großer Begeisterung beim Kampf gegen Napoleon I. dabei. Seine draufgängerische Art und sein Kriegsglück riefen allgemein Bewunderung hervor und brachten ihm hohe Auszeichnungen ein. Als im November 1816 König Wilhelm I. von Württemberg eine neue Leibgarde zu Pferd aufstellte, wurde Oberstleutnant Joseph Raßler als Eskadronchef eingeteilt. Im folgenden Jahr wurde er zum Kommandeur der Leibgarde zu Pferd ernannt, elf Jahre später wurde er Adjutant des Königs.

Baron Joseph hatte 1808 den Familienbesitz von seinem Vater in finanziell fast aussichtsloser Lage übernommen, weshalb der gesamte Nachlass unter gerichtliche Administration gestellt worden ist. Erst mehr als zwei Jahrzehnte später, im März 1831, ist es Baron Joseph Raßler gelungen, seine Güter beim Württembergischen Kreditverein mit 106.000 Gulden zu belasten und damit die bisherigen Gläubiger auszuzahlen. Kurz zuvor hatte König Wilhelm I., Rechtsnachfolger sowohl des Hauses Österreich als auch der Kaiser des Alten Reiches, Baron Joseph die früheren Lehen offiziell bestätigt. Nun endlich war er wieder „Herr im Haus" und konnte über seinen Besitz verfügen. Aber es brauchte noch Jahrzehnte, bis – trotz eiserner Sparmaßnahmen – die Schuldenlast auf ein erträgliches Maß reduziert werden konnte. 1841 verkaufte Baron Joseph Lützenhardt für 26.000 Gulden an die Königliche Finanzverwaltung.

Freiherr Joseph Raßler von Gamerschwang war zweimal verheiratet. 1821 ehelichte er Gräfin Thusnelde von Sponeck, mit der ihn eine außergewöhnlich harmonische Beziehung verbunden hat, aus der jedoch keine Kinder hervorgegangen sind. Sie starb 1846 unerwartet auf Schloss Weitenburg. Ihr Witwer hat für sie die neugotische Grabkapelle auf dem Börstinger Friedhof errichten lassen, in der sie als Erste der Familie ihre Ruhestätte erhalten hat. 1852 hat Baron Joseph wieder geheiratet: Natalie Freiin Leutrum von Ertingen war fast 40 Jahre jünger als ihr Gemahl, was dem Eheglück nach Aussagen von Zeitgenossen keinen Abbruch tat. Sie brachte drei Kinder zur Welt, von denen aber nur die Söhne Max und Otto das Kindesalter überlebt haben. Freiherr Joseph Raßler von Gamerschwang starb 1863 an den Folgen eines Schlaganfalls, den er zwei Jahre zuvor erlitten hatte.

Seit dem Erwerb der Weitenburg durch Baron Joseph Rupert Raßler hatte sich die Gestalt des Schlosses nicht wesentlich verändert. Noch immer war die Anlage durch den hoch aufragenden Ehinger Bau aus der Zeit der Renaissance und durch die barocken Seitenflügel aus den 1660er-Jahren geprägt. Bald jedoch sollte als neues, zeitgemäßes Stilmittel die Neugotik dazukommen und Schloss Weitenburg jenes Aussehen erhalten, das bis heute Gäste und Besucher beeindruckt.

S. 90–91: Der Rote Salon, seit 1998 auch Standesamtszimmer

Treppenhaus im
Hauptturm

Rumpelkammer im 3. Stock des Hauptturms

kupfer
manu
faktur

Ostturm von Süden

Gewölbekeller unter der Tordurchfahrt

S. 94: Showroom der Kupfermanufaktur Weyersberg im Ostturm 2019

Ehemalige Reithalle und Remise

Showroom „Rivièra Maison“ in der ehemaligen Reithalle, 2019

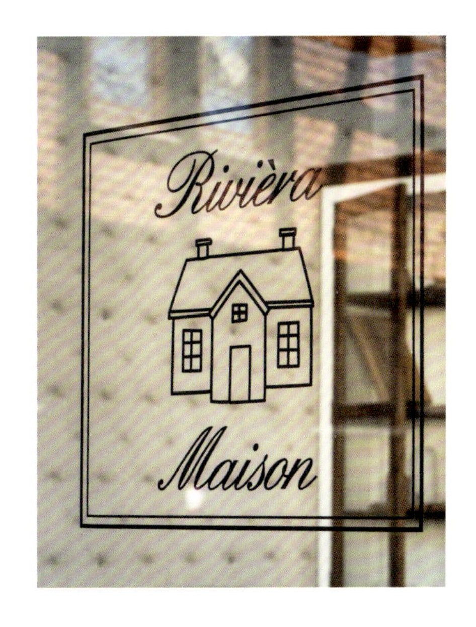

Salon im 1. Stock, Südflügel

Schlafzimmer im 1. Stock, Südflügel

Badezimmer im 1. Stock, Südflügel

Ahnensaal

Kleines Esszimmer

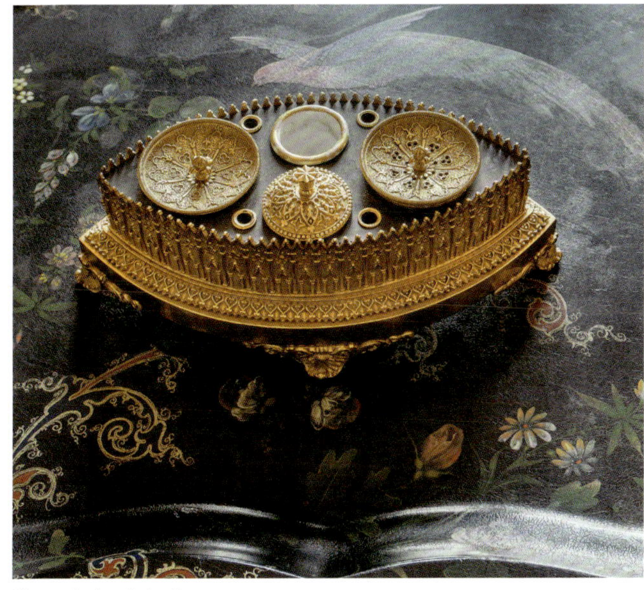

Neugotisches Schreibzeug

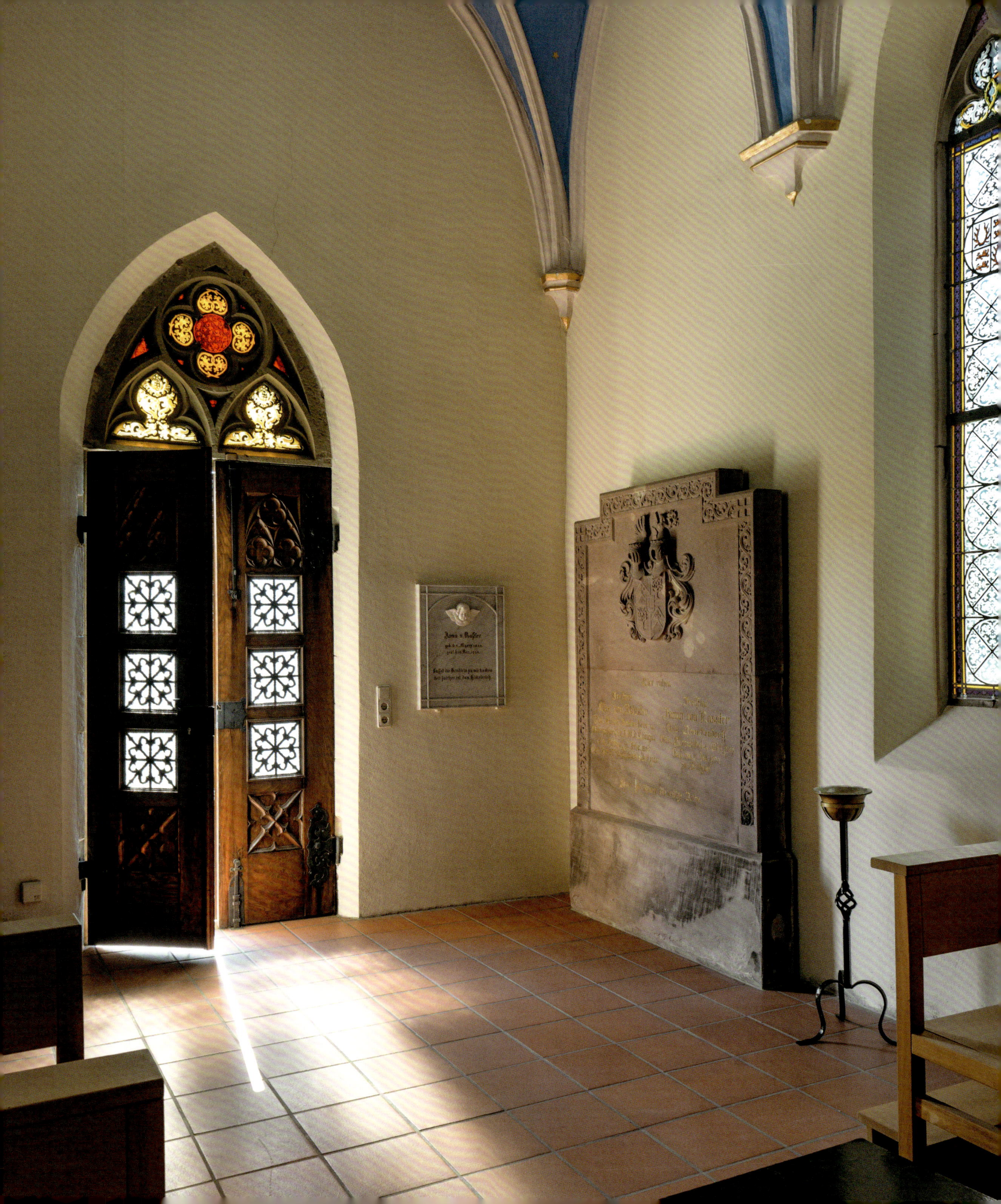

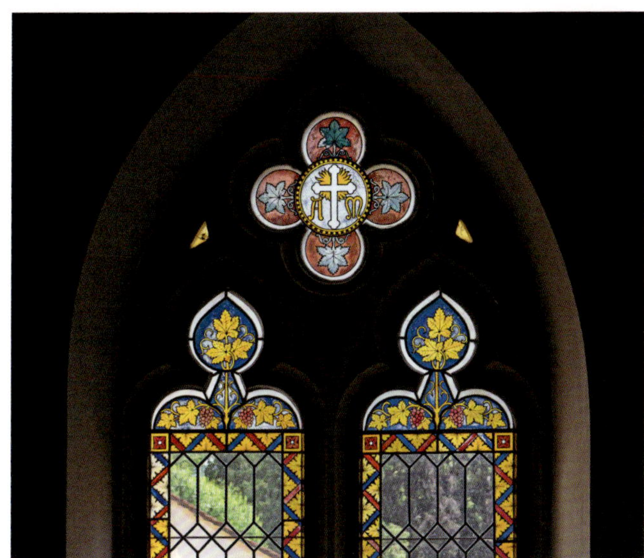

Grabkapelle, Börstingen

Sogenannter Kristall-Schrank, Neorenaissance, geschlossen

Sogenannter Kristall-Schrank, Neorenaissance, geöffnet

S. 106: Ehemaliges Esszimmer im Ehinger Bau, nach dem Vorbild im Gutshaus Süßwinkel/Schlesien für Baronin Fanny Raßler um 1881 gestaltet, heute Zimmer Nr. 104

Vom neugotischen Umbau der Weitenburg bis heute

Als Freiherr Joseph Raßler 1863 im Alter von 76 Jahren verstorben ist, waren seine Söhne Max und Otto noch Kinder. Für die beiden sieben- bzw. zweijährigen Knaben hat Graf Friedrich von Grävenitz die Vormundschaft übernommen. Er war als Sohn des Adjutanten König Wilhelms I. von Württemberg, Ludwig Wilhelm Graf von Grävenitz, 1819 in Stuttgart geboren. Er hatte ein gewandtes Auftreten und genoss als königlich württembergischer Kammerherr in Stuttgart hohes Ansehen. Fünf Jahre nach Übernahme der Vormundschaft heiratete er die Mutter seiner Mündel, die verwitwete Freifrau Natalie Raßler.

Als Vormund und nun auch als Stiefvater hatte er direkten Zugriff auf das Vermögen der beiden ihm anvertrauten Kindern. Die Familie lebte wie schon zuvor während der Wintermonate in Stuttgart und im Sommer auf der Weitenburg. Offenbar war dem Grafen von Grävenitz die Bausubstanz der Weitenburg, die ja noch aus Renaissance und Barock stammte, zu unzeitgemäß erschienen, denn er hat bereits wenige

Schlosskapelle Weitenburg

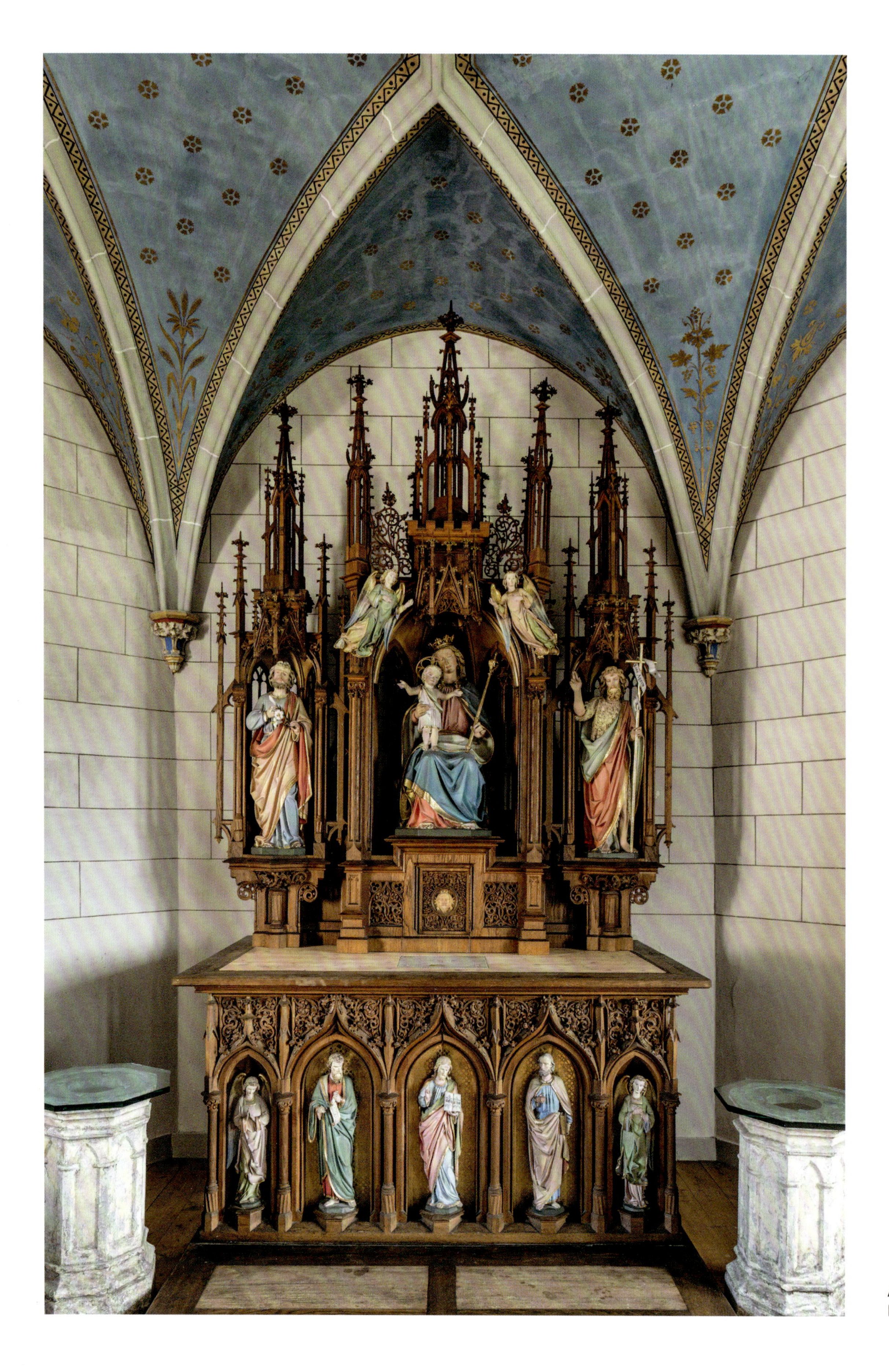

Altar aus der Horber Werkstatt von Johann Nepomuk Meintel (1816–1872)

Baronin Natalie Raßler, wiederverm. Gräfin Grävenitz (1825–1875)

Baron Maximilian Raßler (1856–1921) mit seinem Bruder Otto (1873–1921)

Monate nach der Eheschließung den südlichen Schlossflügel abreißen und in modernen Formen neu errichten lassen. Möglicherweise hatte der Altbau aber auch gravierende Bauschäden, die einen Neubau erforderlich machten. Bereits 1669 hatte ein Gutachten festgestellt, dass der „ganze Bau nur einfach ins Werk gesetzt" sei. Bemängelt wurde, dass im Inneren sowie für den Dachstuhl Tannenholz verwendet und die Fensterrahmen aus Ziegelsteinen gemauert waren. Obwohl auf einem Felsen erbaut, zeigten die Mauern bereits damals Risse.

Mit dem Neubau war der Reutlinger Stadtbaudirektor Johann Georg Rupp beauftragt, der in Württemberg einen guten Namen hatte. Durch die Restaurierung der gotischen Marienkirche in Reutlingen und die Bauleitung beim Neubau des Schlosses Lichtenstein hatte Rupp in den 30er- und 40er-Jahren wertvolle Erfahrungen sammeln können. Er galt als einer der angesehensten Spezialisten für den damals beliebten neugotischen Stil. So hat er beispielsweise 1857 unweit von Schloss Weitenburg das Schloss Hohenmühringen in

Schloss Weitenburg.
Ansicht
der hinteren Seite
des Langflügels.
Langbau.
Maierei-
Thurm.

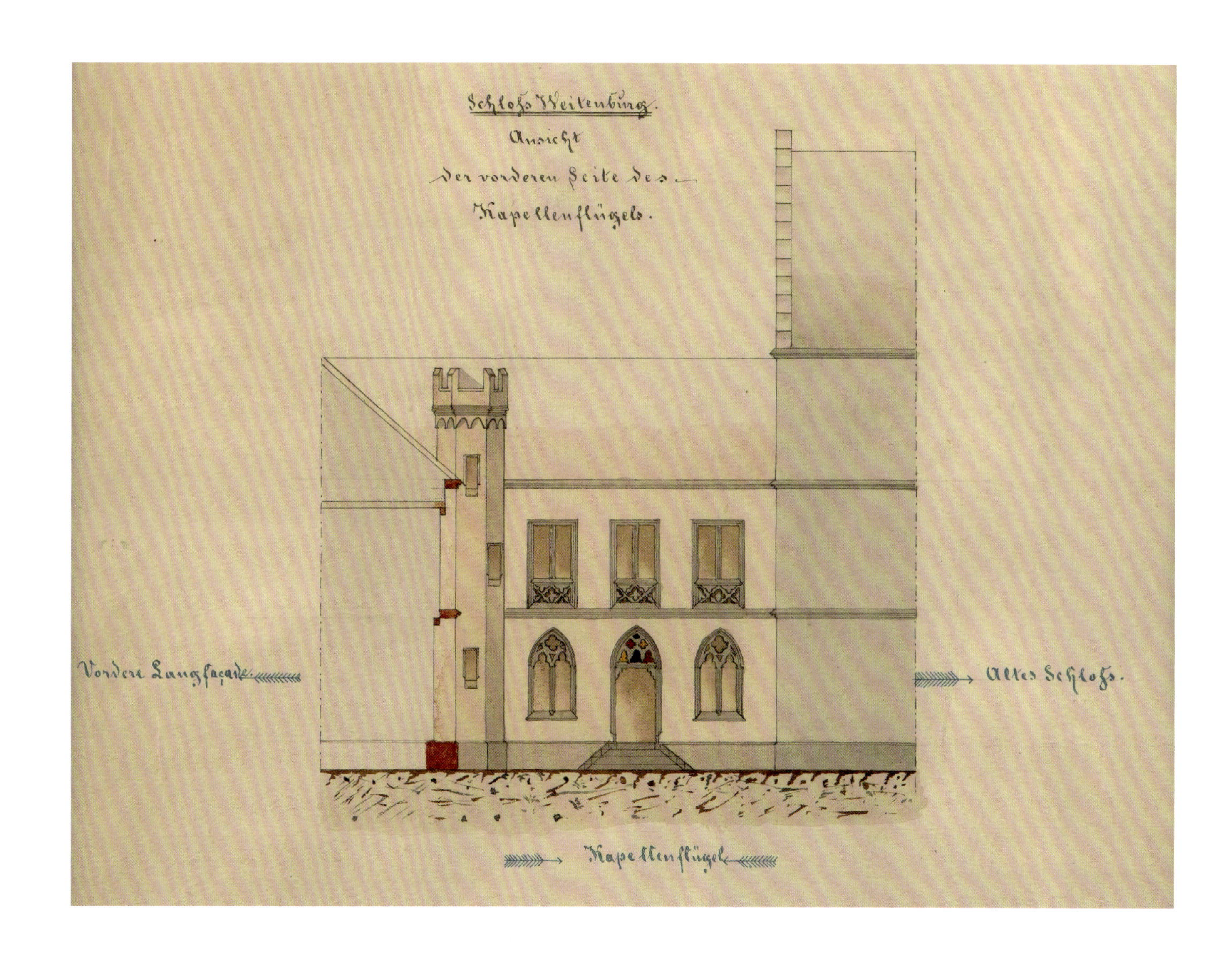
Schloß Weitenburg.
Ansicht
der vorderen Seite des
Kapellenflügels.
Vordere Langfaçade
Altes Schloß.
Kapellenflügel

Baron Maximilian Raßler (1856–1922) in der Kammerherrenuniform, Gemälde von Karl Unkauf (1873–1921)

gotischen Bauformen umgebaut. Die von Graf Friedrich von Grävenitz gestellte Bauaufgabe umfasste die Burgkapelle und einen Wohntrakt, den Johann Georg Rupp – angelehnt an die ursprüngliche Gestalt – durch zwei Türme eingefasst hat.

Das Bauvorhaben schritt zügig voran, sodass im Sommer 1870 die Schlosskapelle durch den Rottenburger Bischof Karl Joseph von Hefele geweiht werden konnte. Im gleichen Gottesdienst fand auch die Firmung der jungen Freiherren Max und Otto Raßler statt. Der Innenraum der Kapelle ist in feinster Neugotik ausgestattet, die bis heute allgemeine Bewunderung hervorruft. Der filigrane Altar ist ein Werk des Bildhauers Meintel aus Horb a. N. Fortan wurde die Weitenburger Schlosskapelle – wie schon im Jahrhundert zuvor – vom Börstinger Pfarrer geistlich betreut.

Die Witwe von Baron Joseph Raßler und jetzige Gemahlin von Graf Friedrich von Grävenitz, Natalie, verstarb 1873 auf Schloss Weitenburg an einem Herzleiden. Mit siebzehn bzw. knapp zwölf Jahren waren ihre Söhne Max und Otto nun Vollwaisen und noch mehr als zuvor auf das Verantwortungsgefühl und das Wohlwollen des Grafen Friedrich von Grävenitz angewiesen.

Der Neubau von Schloss Weitenburg konnte zwar im Rohbau fertiggestellt und die Fassaden in allen Details vollendet werden, der Innenausbau blieb jedoch in weiten Teilen zunächst unausgeführt. Erst nach und nach wurde das Innere für Wohnzwecke hergerichtet. Unglücklicherweise wurde beim Bau der Sandstein aus einem benachbarten Steinbruch bei Weitingen verwendet, der zwar farblich reizvoll, jedoch leicht verwitterbar ist. Bei früheren Baumaßnahmen hatte man dagegen stets den widerstandsfähigeren Bondorfer Sandstein verwendet. Der Neubau hat nicht nur unverhältnismäßig hohe Kosten verursacht, er war auch von Maurern der Umgebung so mangelhaft ausgeführt, dass 50 Jahre später eine dreijährige Grundsanierung durchgeführt werden musste, die schließlich 1925 abgeschlossen werden konnte.

Baron Maximilian Rudolph Raßler, genannt Max, der Majoratserbe, hat nach seiner Schulausbildung in Stuttgart und Tübingen zunächst ein Jahr beim württembergischen Militär gedient. Anschließend studierte er zwei Jahre in Genf und Wien, um sich mit Bodenkultur und Ackerbau vertraut zu machen. Eine mehrmonatige Bildungsreise nach Ägypten und Palästina hat sich angeschlossen. Die Studien und Reisen kosteten viel Geld, das sein Vormund und Stiefvater bereitwillig ausgezahlt hat. Einblicke in seine Vermögensverhältnisse wurden ihm aber nicht gewährt. Baron Max wähnte sich finanziell abgesichert.

1879 begab er sich nach Schlesien, wo er ein landwirtschaftliches Praktikum absolvieren wollte. Auf dem Gut Süßwinkel bei Oels lernte er Fanny Roenckendorff, die Tochter des Gutsherrn, kennen. Im Februar 1881 fand in Schlesien die Hochzeit statt. Die junge Gemahlin wurde von Zeitgenossen als klein und zierlich, aber außerordentlich tatkräftig beschrieben. Da Baron Max Raßler noch immer kein Einblick in seine Finanzen gewährt wurde, drängte ihn sein Schwiegervater, nun endlich von Graf Grävenitz die Offenlegung zu verlangen. Doch dieser sträubte sich zunächst hartnäckig, musste aber dann doch die Unterlagen herausgeben, bevor er 1886 auf der Weitenburg starb. Die Enttäuschung des rechtmäßigen Besitzers und Erben war groß, ja sogar

Wappenfenster im Roten Salon (Ausschnitte), letztes Viertel 19. Jahrhundert

Max Prinz von Schaumburg=Lippe 1893
Ernst Prinz zu Sachsen Weimar Eisenach, Herzog zu Sachsen 1891
Johannes Fürst zu Hohenlohe=Bartenstein 1891
Charlotte Königin von Württemberg
Karl Graf Adelmann von Adelmañsfelden 1888
Max Graf von Zeppelin
Karl Freiherr von Reitzenstein 1891

niederschmetternd, denn der landwirtschaftliche Betrieb des Gutes war schlecht geführt und die aufgelaufene Schuldenlast nicht unerheblich. Der 25-jährige, frisch vermählte Gutsherr brauchte lange, um sich von dem Schock zu erholen. Sofort wurden strenge Sparmaßnahmen ergriffen und entbehrliche Angestellte entlassen. Auch der persönliche Lebensstil der freiherrlichen Familie musste für längere Zeit erheblichen Einschränkungen unterworfen werden.

Schon im folgenden Jahr ist Baron Max Raßler in den Hofdienst des württembergischen Königs getreten und als Kammerjunker angenommen worden. 1887 wurde er zum Kammerherrn der späteren Königin Charlotte von Württemberg ernannt, zu der er durch seine Tätigkeit in einen persönlichen Kontakt trat. Baron Max Raßler hielt sich im Hofdienst zumeist in Stuttgart auf. Ihm stand in der sogenannten Akademie hinter dem Neuen Schloss eine freie Dienstwohnung zur Verfügung, ebenso zwei Freiplätze im Hoftheater. Die Stellung als Erster Kammerherr der Königin war im Grunde ein reines Ehrenamt.

Die jährliche Besoldung in Höhe von 2.000 Mark reichte gerade zur Deckung des Aufwands für Repräsentation. Deshalb wurden Baron Max Raßler jeden Monat 1.800 Mark von der Weitenburger Verwaltung für seinen Lebensunterhalt in Stuttgart ausbezahlt, und einmal wöchentlich ging ein Korb mit Gemüse, Butter, Rahm, Eiern und Ähnlichem in die Residenzstadt ab. Die Aufenthalte des Majoratsherrn auf Schloss Weitenburg waren selten, im Wesentlichen war er nur in den Sommermonaten und zu kurzen Besuchen auf seinem angestammten Besitz. Die Landwirtschaft wurde wegen seiner überwiegenden Abwesenheit nach und nach verpachtet, was aber mangels Aufsicht immer wieder zu großen Problemen geführt hat.

Da die Weitenburg für ihn eher repräsentative Bedeutung hatte, ließ er oberhalb des vor dem Schloss ansteigenden Weinbergs ein größeres Gelände einzäunen und darin ein Rudel Damwild aussetzen. Die etwa 25 Tiere hatte er von König Karl von Württemberg zum Geschenk erhalten. Sie wurden bald zu einer besonderen Attraktion. Viele Angehörige der Hofgesellschaft, auch Mitglieder der königlichen Familie und das Königspaar selbst, waren gern gesehene und häufige Gäste auf der Weitenburg. Das Gästebuch und zwei Fenster im Roten Salon, in denen die Wappenscheiben der Gäste mit der Jahreszahl ihres Besuchs angebracht wurden, zeugen vom Leben im Schloss hoch über dem Neckar.

Baron Max Raßler hatte drei Töchter und einen Sohn, der 1884 auf der Weitenburg geboren und wie sein Großvater Joseph getauft wurde. Für die 1889 in Stuttgart geborene jüngste Tochter Charlotte hatte die damalige Prinzessin Charlotte von Württemberg die Patenschaft übernommen. Als Gemahlin des Prinzen Wilhelm wurde sie 1891 bei dessen Thronbesteigung Königin von Württemberg. Besonders Königin Charlotte pflegte eine ganz persönliche Beziehung zur Familie ihres Ersten Kammerherrn und zu ihrer Patentochter. Immer wieder war sie auf Schloss Weitenburg zu Gast. Gewöhnlich nahm man den Tee im Garten und ging dann im Park spazieren.

Einmal hatte die Königin mit ihrem Patenkind gerade den Teich umrundet, als die kleine Charlotte auf die Idee kam, der Königin das Häuschen im Park zu zeigen. Das Kind führte die Königin hinein und zeigte ihr stolz seine Spielsachen und Puppen. Aber auf einmal wurde Charlotte übermütig, schlug die Tür zu und verriegelte sie von außen. Die eingesperrte Königin rief und rief, aber niemand hörte sie. Deshalb versuchte sie, aus dem Fenster zu klettern, schaffte es aber wegen ihrer stattlichen Figur nicht. Als Königin Charlotte vermisst wurde, suchte man nach ihr und hörte schließlich ihr Rufen. Nach ihrer Befreiung zeigte sie Verständnis für den kindlichen Scherz und bat darum, ihr Patenkind wegen des Übermuts nicht zu bestrafen.

Im Königreich Württemberg wurde die sogenannte Adelsmatrikel sehr gewissenhaft geführt. Als 1904 offiziell angefragt wurde, wie nun der Name der Familie Raßler laute, hat Baron Max erklärt, „dass sämtliche Mitglieder meiner Familie durch kaiserliches Diplom vom 2. April 1681 den Namen und Titel ‚Freiherr Raßler von Gamerschwang' verliehen erhalten haben". Er betonte, dass alle Familienmitglieder wünschten, diesen Namen auch in Zukunft zu führen. Daran hat sich bis heute nichts geändert, auch nicht durch das Ende der Monarchie 1918. In der Verfassung der Weimarer Republik wurden Adelstitel zu Bestandteilen des Nachnamens erklärt. Allerdings ist es üblich, im täglichen Gebrauch die Anrede zu „Freiherr von Raßler" oder „Baron Raßler" zu verkürzen.

Der jüngere Bruder von Baron Max, Freiherr Otto Raßler von Gamerschwang, war ebenfalls in den württembergischen Hofdienst getreten. Später hatte er in Deutz bei Köln eine Stellung beim Militär inne. 1899 heiratete er in Hamburg Gertrud von Ohlendorff, die aus einer ersten Ehe zwei Töchter mitbrachte. Die Familie ist 1901 an den oberen Neckar gezogen und hat ihren Wohnsitz im Schloss in Börstingen genommen.

Ehemaliges Wohnzimmer, heute Herrenzimmer im Südflügel

Turmsalon im Südflügel

Schloss Börstingen um 1900

Aber schon 1906 wurde das beschauliche Landleben zu Füßen der Weitenburg wieder aufgegeben und in Stuttgart auf der Gänsheide ein neues Haus bezogen. Baron Otto starb 1919, noch vor seinem Bruder. Seine Witwe und die Kinder haben dann Württemberg verlassen. Sein Urenkel, Freiherr Ruprecht Raßler von Gamerschwang, ist heute der jüngste Namensträger der ganzen freiherrlichen Familie. Er ist 1975 geboren und lebt als Rechtsanwalt in Berlin.

Während Max Raßler als Kammerherr und späterer Oberhofmeister der Königin die meiste Zeit in Stuttgart gebunden war und die Weitenburg nur einen kleinen Teil des Jahres bewohnen konnte, sah dessen einziger Sohn und Erbe, Baron Joseph Raßler, seinen Lebensmittelpunkt wieder ganz auf der Weitenburg. Er war 1884 auf Schloss Weitenburg geboren und zunächst in Stuttgart aufs Gymnasium gegangen. Später kam er aufs Julianum in Würzburg, von wo aus er das dortige humanistische Gymnasium besuchte. Nach dem Studium der Rechtswissenschaft trat er in die Darmstädter Bank ein und wurde bald Direktor der Niederlassung Mannheim. Sein Lebensplan war, neben seiner Führungsposition bei der Bank dereinst die Weitenburg von einem fähigen Verwalter betreuen zu lassen.

Aber nach dem Ende des Ersten Weltkriegs, als das monarchische System von einem Tag auf den anderen in sich zusammengestürzt war, ist alles anders gekommen. Sein Vater war durch den Zusammenbruch und die Abdankung des Königs von Württemberg seelisch so tief getroffen, dass er sich gesundheitlich nicht in der Lage sah, sich künftig um Schloss Weitenburg und den Gutsbetrieb zu kümmern. Er hat sich deshalb dazu entschlossen, den Gesamtbesitz seinem Sohn Joseph zu übertragen und sich nur ein Wohnrecht vorzubehalten. Baron Joseph hat die aussichtsreiche Bankkarriere aufgegeben und im Frühjahr 1919 seinen ständigen Wohnsitz auf Schloss Weitenburg genommen. Seine Eltern wohnten aber nach wie vor in ihrem kurz zuvor erworbenen Haus in Stuttgart und kamen nur in den Sommermonaten auf die Weitenburg. Hier ist Baron Max Raßler 1922 während der Sommerfrische gestorben.

Da der junge Majoratsherr nun ständig auf der Weitenburg wohnte, war es dringend erforderlich, einige Neuerungen einzuführen. So begann man mit der Einrichtung eines elektrischen Kabelsystems, um endlich von der Beleuchtung durch Kerzen, Gas- und Petroleumlampen unabhängig zu werden. Ebenso entsprach damals die Wasserversorgung der Schloss- und Gutsanlage nicht mehr dem Stand der Zeit. Man kann sich heute kaum mehr vorstellen, dass noch vor gut hundert Jahren das Wasser von einer gefassten Quelle in Tankwagen zur Weitenburg gefahren und dann in Gefäßen in die bewohnten Obergeschosse hinaufgetragen werden musste. Nicht selten herrschte eine derartige Wasserknappheit, dass die Kinder der Herrschaft nur dann baden durften, wenn nach dem Tränken des Viehs noch Wasser übrig war.

Erst 1928 waren die größten Probleme der Wasserversorgung beseitigt. Das Wasser wurde nun von Börstingen auf den Berg gepumpt und hinter der Weitenburg in einem Reser-

Baron Joseph Raßler (1884–1951), Gemälde von Erwin Emerich (1876–1960)

Baronin Gisèle Raßler mit ihren fünf Kindern Franz, Monika, Alix, Max-Richard und Klaus, 1931

Clara Reinbold, geborene Comtesse de Lespinasse (1875–1966),
Gemälde von Albert Lynch (1860–1950), Paris

voir gespeichert. Da dieser Speicher höher als das Schloss lag, konnte sich der erforderliche Druck aufbauen, sodass in allen Etagen fortan Wasser verfügbar war. Das Damwild, das im Wald hinter dem Schloss gehalten wurde, hatte schon zuvor weichen müssen, damit das Wasser nicht verunreinigt wurde und ungenießbar aus den Leitungen floss.

Das Schlossgut Weitenburg wurde nun straff und effizient geführt, die Arbeitsabläufe den Erfordernissen der Zeit angepasst. Eine Brennerei oder Brauerei hat es nie gegeben. Auf dem Schlossgelände war aber in einem Turm das sogenannte Jägerstüble eingerichtet, wo der Waldhüter Fritz Dürr eine Weinwirtschaft betrieb. Obwohl der Raum sehr beengt war, gab es ein separates „Herrenstüble" für die Gutsherrschaft und die Honoratioren der benachbarten Orte. Das „Jägerstüble" war die erste Schlossgastronomie auf der Weitenburg. Das Angebot beschränkte sich allerdings auf die weithin beliebte Spezialität „Weitenburger Käse", hausgemachtes Brot und ein Wurstvesper mit Landjägern. Zum Zeitvertreib der Gäste befand sich vor dem Schlosstor eine Kegelbahn, die gerne genutzt wurde.

Gleich nach der Übernahme des Gesamtbesitzes hat Baron Joseph Raßler sich mit weitreichenden Umbauplänen für die Weitenburg beschäftigt. Regierungsbaumeister Herbert K. Baelz, der ein enger Freund des Hausherrn war, legte im Herbst 1919 Pläne und Entwurfszeichnungen vor. Sie sahen eine Aufstockung des Südflügels und damit einhergehend die völlige Beseitigung des historistischen Erscheinungsbildes vor. Auch die neugotische Kapelle wäre hinter mehrgeschossigen offenen Arkaden verschwunden. Man darf heute froh sein, dass schließlich nur der Verwaltungsbau erneuert und darin eine erweiterte Schlossgastronomie eingerichtet wurde. Die Stilvielfalt von Schloss Weitenburg, die heute den großen Reiz des Ensembles ausmacht, ist glücklicherweise erhalten geblieben.

Nachdem Freiherr Max Raßler von Gamerschwang 1922 gestorben war, hat der bedeutende Architekt Hugo Schlösser, der zuvor in Stuttgart die Villa Reitzenstein – heute Sitz des Ministerpräsidenten von Baden-Württemberg – gebaut hatte, noch einmal Pläne für eine Aufstockung und Erweiterung des Südflügels gemacht. Sie sind jedoch ebenfalls unausgeführt geblieben. Stattdessen wurde das Innere grundlegend verändert und die Raumaufteilung des 19. Jahrhunderts den modernen Anforderungen angepasst. Mit großer Tatkraft und Entschlussfreudigkeit hat Baron Joseph Raßler sowohl das Schloss wie auch den Gutsbetrieb, den er von 1923 an selbst führte, weiterentwickelt und schließlich auf eine solide materielle Basis gestellt, die nur durch hohe finanzielle Zuwendungen aus der Mitgift seiner Gemahlin möglich war. Die Gesamtfläche konnte er um zwei Drittel auf etwa 200 Hektar erweitern.

Für ihn persönlich, aber auch für die Weitenburg, war seine Heirat mit Gisèle Reinbold im Herbst 1922 der Beginn eines neuen Abschnitts. Seine Gemahlin war in Port-au-Prince auf Haiti als Tochter eines Großkaufmanns geboren, ihre Mutter entstammte der Familie der Grafen de Lespinasse

S. 128–129: Das Jägerzimmer neben dem Restaurant, gestaltet 1954 durch Architekt Josef Vassillière (1897–1967)

HOTEL
RESTAURANT

Übrigbleibsel aus dem Naturalienkabinett Stuttgart

aus Frankreich. Aus der Ehe sind fünf Kinder hervorgegangen, welche Schloss Weitenburg fortan mit Leben erfüllt haben.

Baron Joseph Raßler und seine Gemahlin führten ein außerordentlich gastfreundliches Haus. Es ist kaum eine Woche ohne Besuch vorübergegangen, oft blieben die Gäste wochen- und sogar monatelang auf Schloss Weitenburg. Besonders während des Zweiten Weltkriegs wurden die Aufenthaltszeiten länger, da die abgelegene Weitenburg mit ihrem landwirtschaftlichen Gutsbetrieb nicht nur Sicherheit vor Bombenangriffen, sondern auch ausreichend Nahrung für alle bot. Diese als „sicher" eingestufte Abgeschiedenheit hat das Stuttgarter Naturalienkabinett veranlasst, Teile seiner Sammlung von präparierten Tieren nach Schloss Weitenburg auszulagern – weitere Gegenstände des Museums kamen in den Schlössern Wachendorf und Hohenmühringen unter.

Seit 1943 waren die ausgestopften Tiere überall im Schloss verteilt. Sie standen auf Gängen, im Treppenhaus und sogar in den Schlafzimmern. Baronin Gisèle Raßler hat in ihrem Zimmer beispielsweise einen Königspinguin und einen „schönen Papagei" untergebracht. Als 1946 die Bestände wieder nach Stuttgart zurückgebracht wurden, hat die Museumsleitung einige Objekte auf der Weitenburg als Geschenk zurückgelassen. Dazu gehörte auch ein ausgestopfter Bär, dem man bei der Präparierung aus Versehen ein falsches Gebiss eingesetzt hatte und für den das Stuttgarter Museum nun keine Verwendung mehr hatte. Irrtümlicherweise hatte der Bär ein Hundegebiss erhalten, was aber den wenigsten Gästen von Schloss Weitenburg aufgefallen sein dürfte.

Auch das berühmte Stuttgarter Fotogeschäft Hirrlinger hat sein wertvolles Inventar auf Schloss Weitenburg eingelagert, um es vor Bombenangriffen zu schützen. Das meiste wurde in der Schlosskapelle untergebracht. Gottesdienste konnten nun dort nicht mehr stattfinden, zur Messe musste man in die Kirche nach Börstingen. An besonderen Festtagen legte man die Strecke im sogenannten Königswagen zurück, den die frühere Königin Charlotte von Württemberg Baron Joseph Raßler zunächst leihweise und schließlich dauerhaft überlassen hatte. Da die Aufnahme- und Vorführgeräte Hirrlingers am Kriegsende die Besatzungssoldaten neugierig machten, sind damals noch wesentliche Teile seines Besitzes durch Beschlagnahmung verloren gegangen. Auch befreundete Privatleute haben Wertgegenstände und Möbel auf der Weitenburg eingelagert, so zum Beispiel der Architekt Hugo Schlösser, dessen Büro im Raßler'schen Haus in Stuttgart völlig ausgebombt wurde.

Schloß Weitenburg, im Juni 1944.
Kreis Horb / Neckar

Für die aufrichtige Teilnahme, die wir anläßlich des Soldatentodes unseres ältesten Sohnes, Bruders und Enkels erfahren durften, danken wir von Herzen.

Im Namen der Familie:

Reichsfreiherr Josef Raßler v. Gamerschwang.

Schloss Weitenburg hat im Zweiten Weltkrieg glücklicherweise keine materiellen Verluste erlitten. Die durch das Kriegsgeschehen verursachte menschliche Tragödie war dafür umso einschneidender. Der älteste Sohn von Freiherr Joseph Raßler, der begabte und hoffnungsvolle Franz, war im Herbst 1943 als Kriegsfreiwilliger in ein Fallschirmjägerregiment eingetreten und an den Folgen einer Verwundung im Februar 1944 in Italien verstorben. Er war erst 18 Jahre alt. Monatelang waren die Eltern und Geschwister im Ungewissen geblieben, da immer wieder Päckchen mit Teilen seines Nachlasses auf der Weitenburg ankamen. Vor allem der Vater klammerte sich an das kleinste Fünkchen Hoffnung – bis am 6. Juni dann die Todesnachricht eingetroffen ist. Die Mutter schrieb dazu in ihren Lebenserinnerungen: „Die Nachricht von Franzis Tod ist für uns der Beginn einer neuen Zeit." Auch die ehemalige württembergische Königin Charlotte, die ihren Lebensabend in Bebenhausen verbrachte und 1946 dort verstorben ist, hat ein Kondolenztelegramm geschickt.

Der erstgeborene Sohn Franz war von Anfang an als Majoratserbe und künftiger Herr der Weitenburg betrachtet worden. Bei seiner Geburt im Juni 1925 hatte man den alten Brauch des Freudenfeuers wiederaufleben lassen, das in jeder Generation traditionell für den ersten Sohn auf dem jenseits des Neckartals liegenden Bergsporn, der „Kapf" genannt, entzündet wurde. Er hätte alle Voraussetzungen mitgebracht, die erforderlich waren, das Gutswesen der Weitenburg erfolgreich zu führen. Der Soldatentod von Franz hat den zweiten Sohn, Max-Richard, im Alter von 14 Jahren plötzlich an die erste Stelle der Erbfolge gerückt und seine Lebensperspektive völlig verändert.

Baron Joseph Raßler ist 1951 nach langer Krankheit verstorben, sein Sohn war damals 22 Jahre alt. Als Agraringenieur, der auf der Höheren Landbauschule in Nürtingen und in Schweden seine Ausbildung erhalten hatte, war er bestens für seine Aufgaben als Majoratserbe vorbereitet. Der Land- und Forstbetrieb wurde zwar weiterentwickelt, aber für das Schloss Weitenburg ist er völlig neue Wege gegangen: In Zukunft sollte die Gastronomie das Leben auf der Weitenburg dominieren.

Zunächst wurde 1953/54 nach den Plänen des Architekten J. Vassillière aus Bad Wimpfen das Erdgeschoss des sogenannten Ehinger Baus für einen zeitgemäßen Restaurantbe-

Baronin Helga Raßler (in Erwartung ihres dritten Sohnes Alexander) mit Baron Max-Richard (sen.) und den Söhnen Max-Richard und Franz, 1967

Baron Max-Richard Raßler mit dem befreundeten Dr. Guido Westerwelle (1961–2016), Bundesaußenminister, im Jahr 2005

Baron Max-Richard Raßler mit Bundespräsident Johannes Rau (1931–2006) im Jahr 2001

trieb umgebaut. Dabei wurde die frühere kleinteilige, überwiegend noch auf das Mittelalter zurückgehende Struktur zugunsten eines offenen und großzügigen Gastraums aufgegeben. Im Bereich der noch immer eindrucksvoll den Raum bestimmenden Säule lag früher die in der Familienüberlieferung berühmt-berüchtigte „Elektrische Kammer". Sie konnte nur mit großer Vorsicht betreten werden, da dort alle elektrischen Leitungen aus dem ganzen Schloss zentral zusammenliefen und frei im Raum hingen. 1960 wurde in den Obergeschossen des Ehinger Baus schließlich der Hotelbetrieb eröffnet.

Die Atmosphäre der Hotel- und Restauranträume strahlen bis heute eine gewisse Einzigartigkeit aus. Die Mauern des „Ehinger Baus" sind im Erdgeschoss etwa anderthalb Meter dick. Sie verjüngen sich in den Obergeschossen nur unwesentlich, weshalb es in vielen Zimmern reizvolle Fensternischen mit Sitzgelegenheiten gibt. Die Gäste können sich deshalb beim Ausblick auf das Neckartal mit etwas Fantasie in die Zeiten der Burgfräulein und der Troubadoure zurückversetzen.

Der Landespolitiker und Historiker Dr. Siegfried Krezdorn (1914–1982) war seit den 50er-Jahren mit der Sichtung und Ordnung des umfangreichen Archivs auf Schloss Weitenburg beauftragt. Mehrere Abhandlungen zur Geschichte des Ortes und seiner Besitzerfamilien stammen aus seiner Feder. Nach einem schweren Verkehrsunfall querschnittsgelähmt, hatte Krezdorn alle politischen Ämter aufgeben müssen und sich ganz der historischen Forschung verschrieben. Da er sich der Weitenburg ganz besonders verbunden fühlte, hat er 1974 seinen 60. Geburtstag im Restaurant des Schlosses gefeiert. Die Festrede hielt damals Altbundeskanzler Kurt Georg Kiesinger, ein politischer Wegbegleiter und persönlicher Freund des Jubilars.

Das Gästebuch zeigt, dass neben Kurt Georg Kiesinger viele weitere Prominente einst Gäste auf Schloss Weitenburg waren. Dazu gehörten Altbundeskanzler Ludwig Erhard, Bundespräsident Johannes Rau, Außenminister Guido Westerwelle und natürlich der heutige Ministerpräsident Winfried Kretschmann, um nur ganz wenige namentlich zu nennen.

Heute steht Freiherr Max-Richard, vom Vater zum Nachfolger auf der Weitenburg bestimmt, dem Familienbetrieb vor. Sein älterer Bruder Franz ist als Kunstsachverständiger und Niederlassungsleiter eines Wiener Auktionshauses in München tätig, der jüngere Bruder Alexander lebt und arbeitet als Kunstberater in Berlin.

Freiherr Max-Richard jun. hat seine Ausbildung an der Höheren Hotelfachschule in Heidelberg als staatlich geprüfter Hotelbetriebswirt abgeschlossen. Nach Hotelerfahrungen in der Schweiz und in Berlin wurde er mit 27 Jahren Direktor eines Hotels in der Nähe von Würzburg, wo er zwei Jahre blieb. Anschließend ist er in den elterlichen Betrieb auf der Weitenburg zurückgekehrt, den er seit 2001 eigenverantwortlich führt.

Neben seinem Wirken auf Schloss Weitenburg ist Baron Max-Richard in der Kommunalpolitik für die FDP engagiert. Ferner ist er vielfältig ehrenamtlich tätig, so im Kirchengemeinderat in Börstingen, im Tourismusausschuss der IHK sowie als Ritterhauptmann im St. Georgen-Verein der Württembergischen Ritterschaft.

Das Schlosshotel hat 30 Gästezimmer mit individueller Ausstattung. Ein Viertel der Zimmer ist mit Gegenständen ausgestattet, die erworben werden können. Es gibt eine Hochzeitssuite mit Renaissancesalon und Empire-Schlafzimmer, eine Suite „New York" mit einer eigens aus der Stadt am Hudson-River eingeflogenen Kupferbadewanne sowie Räume mit Tapetentüren, die in dahinter verborgene Sanitärbereiche führen. In allen Zimmern gibt es etwas zu entdecken – und wenn es nur die Ahnenwappen an der Stuckdecke oder besondere Gemälde und Antiquitäten sind.

In den Jahren 1985/86 hat das Schloss einen Anbau erhalten, in dem die für einen modernen Hotelbetrieb notwendige Infrastruktur untergebracht werden konnte. Dadurch wurde auch der Platz für das Kaminzimmer und den Hohenberg-Saal geschaffen. Beide Räume zusammen können bei Veranstaltungen bis zu 120 Personen aufnehmen.

Dass Schloss Weitenburg zu einem beliebten Ort für Eheschließungen wurde, hat auch damit zu tun, dass hier seit 1998 sowohl kirchlich als auch standesamtlich geheiratet werden kann. In jenem Jahr wurden im Roten Salon, der wegen seiner barocken Stuckdecke zu den schönsten Räumen des Schlosses gehört, standesamtliche Trauungen gestattet. Die Weitenburg war damit das erste private Schloss in Baden-Württemberg, wo zivile Trauzeremonien stattfinden konnten.

Eine andere Neuerung war ebenfalls förderlich für die Attraktivität des Hotelbetriebs: 1982 wurde die Idee geboren, unterhalb der Weitenburg auf damals landwirtschaftlich genutzten Böden einen Golfplatz anzulegen. Die Umsetzung des Gedankens dauerte aber ganze fünf Jahre. Seit 1987 befindet sich nun in landschaftlich außerordentlich reizvoller Lage das Gelände des Golfclubs Schloss Weitenburg. Neben einem öffentlichen 9-Loch-Platz, der sich östlich des Ortes Starzach-Sulzau in unmittelbarer Nähe des Clubhauses befindet, gibt es unterhalb der Weitenburg den 18-Loch-Meisterschaftsplatz, der nur mit Handikap bespielt werden kann. Da normalerweise in Golfanlagen nur stehende Gewässer Reiz und Abwechslung bieten, kann der Golfclub Schloss Weitenburg mit einer Besonderheit aufwarten: Das 73 Hektar große Gelände wird vom Neckar durchflossen, der während des kompletten Parcours fünfmal überquert werden muss. Der von Freiherr Max-Richard Raßler jun. gestiftete und jährlich ausgetragene „Schloss Weitenburg Cup" ist eine feste Größe in der überregionalen Golfer-Szene.

Zur Gestaltung des insgesamt 27 Löcher umfassenden Golfplatzes wurde seinerzeit die Landwirtschaft im Talgrund zu beiden Seiten des Neckars aufgegeben und darauf geachtet, dass sich das nun sportlich genutzte Gelände auch weiterhin harmonisch in die Auenlandschaft des Flusses einfügt. Da die Flächen früher mit landwirtschaftlichen Monokulturen bepflanzt und deshalb artenarm waren, hat sich mit der neuen Nutzung als Golfplatz die Artenvielfalt außerordentlich positiv entwickelt. Verschiedene Maßnahmen zur Renaturierung und die gezielte Ansiedlung von Tieren wie zum Beispiel von Wildbienen wurden erfolgreich durchgeführt.

An der Ausgestaltung des Golfplatzes und seiner Einfügung in die umgebende Landschaft war maßgeblich Heinz Fehring beteiligt. Er war einst Trainer der deutschen und österreichischen Golfelite und Lehrer des deutschen Weltklasse-Golfers Bernhard Langer. Die Anlage ist langfristig verpachtet. Für viele Hotelgäste ist die Möglichkeit, in wunderschöner Landschaft ihrem Golf-Hobby nachgehen zu können, ein entscheidender Faktor, im Hotel auf Schloss Weitenburg zu logieren.

Die Brüder Franz (*1961), Alexander (*1967) und Max-Richard (*1962) v. Raßler, aufgenommen im Atelier Hostrup, Stuttgart, 1985

Hoch oben vor den Toren von Schloss Weitenburg hat Freiherr Max-Richard Raßler von Gamerschwang nun einen Park auf alter Plangrundlage wiedererstehen lassen, der mit seinen verschlungenen Wegen, seinem weit über 100-jährigen eindrucksvollen Baumbestand und dem Wasserbassin von 1896 weithin einmalig ist. Die Grundstruktur geht auf den Stuttgarter Gartenarchitekten und Landschaftsplaner Albert Lilienfein zurück, der 1928 den Entwurf dazu geliefert hat. Besucher und Gäste von Schloss Weitenburg können hier lustwandeln und sich in vergangene Zeiten zurückversetzen lassen. Majestätische Bäume wie der aus China stammende Ginkgo biloba, europäische Blutbuchen und amerikanische Douglasien machen einen Spaziergang zu jeder Jahreszeit zu einem Erlebnis.

Stammfolge des heutigen Schlossbesitzers

Peter Raßler (erwähnt 1528 und 1551)
∞ Apolonia Waibel

Jakob Raßler († 1602)
1 ∞ Anna Schocker
2 ∞ Magdalena von Wald

Joachim Raßler († 1643)
∞ Maria Langenstein († 1655)

Jakob Christoph Raßler († 1685)
1655 „Raßler von Kreenriedt"
1672 „Raßler von Gamerschwang"
1681 „Freiherr Raßler von Gamerschwang"
∞ Maria Barbara von Dornsperg (1618–1691)

Franz Christoph Freiherr Raßler von Gamerschwang (1643–1694)
1 ∞ Christine Maria Euphrosine Raßler († 1679)
2 ∞ 1680 Maria Franziska von Hallweil zu Blödeck († 1711)

Joseph Rupert Freiherr Raßler von Gamerschwang (1692–1770)
1 ∞ 1725 Maria Ottilia Johanna Freiin von Bodman (1704–1728)
2 ∞ 1729 Maria Anna Vöhlin von Illertissen (1700–1768)
verwitwete Freifrau von Hohenberg

Joseph Johann Adam Fidel Freiherr Raßler von Gamerschwang (1730–1806)
∞ 1757 Maria Anna Henrica Stanislasa Freiin von Kageneck (1735–1761)

Heinrich Freiherr Raßler von Gamerschwang (1761–1808)
1 ∞ 1785 Franziska Gräfin Schenk von Castell († 1789)
2 ∞ 1790 Maria Theresia Franziska Josepha Febronia Freiin von Welden († 1842)

Joseph Freiherr Raßler von Gamerschwang (1786–1863)
1 ∞ 1821 Thusnelde Gräfin von Sponeck (1799–1846)
2 ∞ 1852 Natalie Freiin Leutrum von Ertingen (1825–1873)

Maximilian Freiherr Raßler von Gamerschwang (1856–1922)
∞ 1881 Fanny Roenckendorff (1859–1932)

Joseph Freiherr Raßler von Gamerschwang (1884–1951)
∞ 1922 Gisèle Reinbold (1900–1997)

Max-Richard (sen.) Freiherr Raßler von Gamerschwang (1929–2013)
∞ 1960 Helga Matthes (1929–2016)

Max-Richard Freiherr Raßler von Gamerschwang (geb. 1962)

Turmglocke von 1747

S. 141:
Mechanisches Werk
im Uhrenturm

Epilog

Bereits im Frühjahr 2017 begann ich, die Vorbereitungen zu diesem Buch zu treffen. Doch erst im dritten Anlauf fand ich 2018 den Kunstverlag Josef Fink, der mir mit seinem Team um Inhaber Josef Fink als geeignete Adresse schien, das Projekt zu verwirklichen. Der Autor Harald Schukraft und sein Freund und Kollege Michael Kühler, der den Entstehungsprozess maßgeblich begleitet hat, waren mir auch schon zu Beginn empfohlen worden und eine vertrauensvolle Zusammenarbeit nahm ihren Anfang. Rose Hajdu, als erfahrene Fotografin in den Bereichen Architektur und Denkmalpflege, begann 2018, die Weitenburg und alles, was dazugehörte, mit ihrer Kamera einzufangen.

Unser gemeinsames Ziel war, bis zur geplanten Jubiläumsfeier am 8. Mai 2020 das Buch den geladenen Gästen aus Politik, Wirtschaft, Kultur und Medien vorstellen zu können. Doch es kam anders in diesen Märztagen des Jubiläumsjahres. Verursacht durch den Ausbruch des Corona-Virus in Deutschland, mussten Hotel und Restaurant schließen und der Festakt abgesagt werden. Stattdessen hielten mein Freund Samuel Colshorn und ich mit einer treuen Mannschaft aus wenigen, langjährigen, bewährten Mitarbeiterinnen und Mitarbeitern einen Minimalbetrieb aufrecht, denn Schlossgebäude und -anlage konnten ja nicht ohne Weiteres zugesperrt und unbeaufsichtigt gelassen werden, außerdem wollten wir für die Wiedereröffnung gerüstet sein.

Es waren Tage voller Bangen, Hoffnung, Mut und Verzweiflung, aber auch Fröhlichkeit, Zuversicht und Gottvertrauen. Darum sei an dieser Stelle nicht nur all denen gedankt, die zum Gelingen dieses Buchprojekts beigetragen haben, sondern auch dem Team von Schloss Weitenburg, das in dieser Zeit, die wir alle noch nie in dieser Form erlebt haben, an meiner Seite war.

Der Herausgeber

Impressum

1. Auflage 2020
ISBN 978-3-95976-215-1

Kunstverlag Josef Fink
Hauptstraße 102 b
88161 Lindenberg i. Allgäu
info@kunstverlag-fink.de
www.kunstverlag-fink.de

Herausgeber
Schloss Weitenburg
Max-Richard Freiherr von Raßler
72181 Starzach-Weitenburg
Telefon +49 (0) 7457-933-0
Telefax +49 (0) 7457-933-100
info@schloss-weitenburg.de
www.schloss-weitenburg.de

Texte
Harald Schukraft, Stuttgart

Bildunterschriften
Max-Richard Freiherr von Raßler, Starzach-Weitenburg

Bildnachweis
Alle Fotos: Rose Hajdu, Stuttgart, außer:
Seite 10/11: Harry Kirchenbauer, Remchingen
Seite 15: © Landesarchiv Baden-Württemberg, Staatsarchiv Sigmaringen Dep. 30/12 T 1 Nr. 1172
Seite 16: © Landesarchiv Baden-Württemberg, Staatsarchiv Sigmaringen Dep. 30/12 T 1 Nr. 1178
Seite 32: © Fürstlich Fürstenbergisches Archiv, Karte FF Archiv Donaueschingen, Kartensammlung IV/D 20
Seite 33 rechts: Harald Schukraft, Stuttgart
Seite 34: © Landesarchiv Baden-Württemberg, Staatsarchiv Sigmaringen K I Sch/1
Seite 55: Dorotheum, Wien
Seite 135: Atelier Hostrup, Stuttgart

Lektorat
Dr. Ulrike Liebl, Kareth

Gestaltung
grafik.brandner, Leutkirch im Allgäu

Korrektorat
Carolin Völk, Windach

Bildbearbeitung
Holger Reckziegel, Bad Wörishofen

Druck
Holzer Druck und Medien, Weiler im Allgäu

Bibliografische Information der Deutschen Nationalbibliothek
Die Deutsche Nationalbibliothek verzeichnet diese Publikation in der Deutschen Nationalbibliografie; detaillierte bibliografische Daten sind im Internet über >http://dnb.d-nb.de< abrufbar.